Octave AUBER

Lauréat de l'Académie française

Préface de M. Raymond POINCA

Sénateur de la Me..

COMMENT
FORMER
LE
CITOYEN
FRANÇAIS

Anthologie Civique et Patriotique

PARIS

FERNAND NATHAN

Éditeur

Prix : 1 fr. 25.

Comment former

le Citoyen Français

Comment former
le
Citoyen Français
ANTHOLOGIE CIVIQUE ET PATRIOTIQUE
" République et Patrie "

PAR

Octave AUBERT
Lauréat de l'Académie Française
Lauréat de l'Académie des Sciences morales et politiques

Préface de M. Raymond POINCARÉ,
Sénateur, Membre de l'Académie Française

QUI SÈME BIEN RÉCOLTE BIEN

PARIS
LIBRAIRIE CLASSIQUE FERNAND NATHAN
16 ET 18, RUE DE CONDÉ

1912

Préface

Voici une œuvre de bon sens et de bonne foi qu'on voudrait voir répandue dans toutes les écoles de France.

M. Octave Aubert, qui l'a écrite, a déjà publié d'excellents petits livres, pleins de grâce familière et de sagesse pratique : un recueil de poésies scolaires où s'expriment, en des stances agréables, des sentiments simples et forts ; un choix de conférences où l'auteur a traité, avec aisance et avec tact, quelques-uns des sujets historiques, économiques ou moraux qui peuvent intéresser des auditoires populaires.

Dans ces ouvrages, qui lui avaient valu les encouragements les plus flatteurs, M. Octave Aubert s'était révélé éducateur attentif et clairvoyant, particulièrement préoccupé de développer dans la jeunesse les éléments essentiels de l'instruction civique.

Poursuivant aujourd'hui, avec une louable obstination, cette bienfaisante propagande, il a composé une anthologie destinée à favoriser la formation rationnelle du citoyen français.

Commune, mairie, canton, arrondissement, département, préfecture, souveraineté nationale, République, Constitution, principes de la Révolution, droits et devoirs du citoyen, pouvoir législatif, pouvoir exécutif, organisation judiciaire, devoir militaire, patriotisme, drapeau tricolore, tels sont les principaux titres des chapitres où M. Octave Aubert a classé, en un ordre clair et méthodique, les idées dominantes de ses leçons.

M. Octave Aubert est un maître souriant, qui se fait comprendre, parce qu'il se fait aimer. Il élève tout naturellement l'âme de l'enfant, du particulier au général et du concret à l'abstrait. Il présente, d'abord, chaque notion sous une forme sensible; il en résume, en quelques mots précis, la substance fondamentale; puis, il passe à une notion plus complexe, qu'il définit à l'aide des choses déjà connues. Sur toutes les questions qu'il aborde successivement, il est sobre de commentaires personnels. Dès qu'il a dit l'indispensable, il donne immédiatement la parole aux orateurs, aux poètes, aux historiens, aux penseurs, aux hommes politiques, dont il a, avec une sorte de piété, réuni les citations les plus éloquentes ou les plus pittoresques.

Il est très éclectique dans le choix de ces extraits. Des noms modestes ou obscurs voisinent, dans sa galerie, avec des noms connus ou illustres. Et cela est très bien; car la signature importe moins ici que la pensée, et il n'est pas mauvais que, dans l'affirmation des grandes vérités sociales, l'élite se rencontre avec le commun.

Soit qu'il se propose de mettre en lumière les principes inspirateurs du droit moderne, soit qu'il veuille enseigner au lecteur les devoirs du citoyen envers la nation, M. Octave Aubert emprunte donc très spirituellement des lignes caractéristiques à des écrivains qui n'ont pas l'habitude de fraterniser. Si l'espace le lui eût permis, j'aurais aimé qu'il poussât encore plus loin ces rapprochements piquants et imprévus. J'aurais aimé surtout qu'au risque de sacrifier quelques vivants, il fît la place plus large aux morts.

Si attaché qu'il soit à la République et à la liberté, M. Octave Aubert n'est point de ces esprits courts qui font dater la France de la Révolution. Il ne professe pas ce patriotisme incomplet et momentané qui sépare un pays de ses racines et qui enjoint au progrès de rompre avec la tradition. Il sait, au contraire, allier le sentiment des nouveautés nécessaires avec le culte du souvenir. A la manière, à la fois délicate et ardente, dont il parle de Jeanne d'Arc, on voit que la vivacité de ses convictions politiques n'étouffe pas en lui la mémoire sacrée de la vieille France. Il explique lui-même, d'un mot significatif, qu'en prenant comme symbole de la patrie, le drapeau tricolore, les hommes de 1792 ont volontairement encadré, entre les couleurs de Paris, l'étendard de l'ancienne monarchie, comme pour mieux montrer aux générations nouvelles la persistance de l'unité française et pour relier l'avenir aux siècles expirés.

Quelque banales qu'elles soient, ou qu'elles devraient être, de telles idées nous apportent un réconfort, lorsque nous les trouvons exposées, sans ombres et sans réticences, dans un livre dédié aux écoliers.

Peut-être auraient-elles encore gagné en force et en vertu, si elles avaient été appuyées sur des témoignages plus nombreux et plus anciens. Quelques fleurs cueillies dans les jardins du passé n'auraient pas déparé les bouquets formés par la main diligente de M. Octave Aubert.

Mais à chaque jour suffit sa peine. M. Octave Aubert n'abandonnera pas la tâche qu'il s'est assignée. Ce livre n'est que le numéro d'une série; il n'est que l'anneau d'une chaîne. Accueillons-le avec reconnaissance et avec joie, et faisons ce qui dépendra de nous pour qu'il ait un heureux destin.

                    Raymond POINCARÉ.

Comment former
le Citoyen français

LA COMMUNE

La France est notre patrie. La France est la terre chérie à laquelle nous attachent les liens étroits qui attachent les enfants à leur père, à leur mère, à leurs aïeux.

Nous devons aimer notre patrie plus que toutes les autres patries, de même que nous aimons notre famille plus que toutes les autres familles.

De même aussi, la ville, le village où nous sommes nés, où nous vivons, doit nous être plus connu et plus cher que toutes les autres villes, que tous les autres villages.

La ville ou le village que nous habitons porte le nom de *commune*.

La France est divisée en 36.000 communes.

La plupart sont petites, les autres sont grandes, mais quelles que soient l'étendue et la population de chaque commune, à la mairie de chacune d'elles flotte le drapeau tricolore, le drapeau de la France et de la République. L'union familiale et étroite des

36.000 communes forme, en effet, la France, la République française.

**

Quelle est ta patrie?

C'est la maison de ma naissance
Qui vit mes premiers pas tremblants;
Elle a protégé mon enfance,
La maison de mes chers parents.

C'est le joli petit village,
L'école blanche au rouge toit,
Où les maîtres de mon jeune âge
Me disent : « Sois sage, instruits-toi. »

Et c'est surtout ma chère France,
La terre belle et douce aux yeux,
Qui met en moi son espérance,
C'est la terre de mes aïeux.

OCTAVE AUBERT.

**

« Le patriotisme communal est la condition de la liberté, comme il en est l'école. »

J. SIMON.

**

« La commune, c'est l'Etat en petit. »

LAMENNAIS.

« La commune est la base de l'organisation sociale. »

BAUTAIN.

« La commune est l'école de la liberté. »

Ed. LABOULAYE.

« Les citoyens considérés sous le rapport des relations locales qui naissent de leur réunion dans les villes ou dans certains arrondissements du territoire des campagnes forment les communes. »

(*Décret du 14 décembre 1789.*)

« Toutes les municipalités, étant de même nature et sur la même ligne dans l'ordre de la constitution, porteront désormais le titre commun de municipalités. »

(*Décret du 14 décembre 1789.*)

* * *

J'ai vu chez un peintre un dessin d'une grande beauté.

Un vieillard à longs cheveux blancs est assis dans un fauteuil sur le perron d'une maison rustique. Il se meurt. La famille, femme, enfants et petits-enfants, l'entoure. Ils suivent anxieusement sur son visage le retrait progressif de la vie. Derrière, courbée sur le dossier du fauteuil, se tient la mère, dissimulant ses larmes. D'un côté, le fils aîné, d'allure grave et mâle, avec sa femme qui tient dans ses bras un jeune nourrisson ; de l'autre, le cadet et sa sœur, deux adolescents, rayonnants de saine et belle jeunesse. Contre le fauteuil, un garçon de six à sept ans, avec une pitié étonnée, regarde le mourant dont la main s'appuie sur sa tête blonde, tandis que les yeux suivent le soleil descendant sur l'horizon. Au loin, dans la plaine, un laboureur, l'aiguillon en main, pousse la charrue.

Au bas du dessin, cette légende :

— Le grand-père avait dit à son aîné : « Je voudrais mourir sur le seuil de ma porte, entouré de ma femme, de mes enfants et petits-enfants à l'heure où la calandre (grosse alouette) s'élevant dans les airs salue la fin du jour. Je voudrais encore que la solennité de cette dernière heure ne fût point troublée par les larmes de ceux qui continueront loyalement, après moi, l'œuvre de vie. »

Son vœu fut exaucé.

Je vous souhaite une fin pareille.

A. DELPECH.

(*Défendons l'âme française*) Schleicher frères, éditeurs.

LA MAIRIE

L'organisation actuelle de la commune date de la Révolution française. La commune est administrée par un Conseil municipal élu par tous les citoyens inscrits sur la liste électorale. Le Conseil municipal choisit dans son sein le maire qui le préside et un ou plusieurs adjoints qui assistent le maire ou le suppléent.

Dans les plus petites communes, celles qui ont moins de 500 habitants, le nombre des conseillers municipaux est de 10. Il varie dans les autres communes entre 12 et 36.

Lyon a 54 conseillers municipaux. Paris en compte 80, c'est-à-dire quatre par arrondissement ou un par quartier.

Opprimée sous l'ancien régime, la commune jouit aujourd'hui de sa liberté, sous la tutelle de l'administration préfectorale. Librement elle choisit ses représentants et ses administrateurs sans l'intervention du pouvoir gouvernemental.

Les conseils municipaux ont quatre sessions ordinaires par an : en février, en mai, en août et en novembre. Le Conseil délibère sur l'acquisition et la vente des propriétés, sur la construction ou la réparation des édifices communaux, sur les chemins, sur la création des foires. Il discute le budget des recettes et des dépenses et vote, s'il y a lieu, des centimes, pour parer aux dépenses communales.

Le Conseil municipal est élu pour quatre années. Le mandat des maires et adjoints est d'égale durée.

Dans les importantes cités la mairie porte le nom pompeux d'hôtel de ville.

Dans les villages elle porte le nom plus expressif de maison commune.

***

« C'est au sein de la commune que nos pères ont commencé l'acte héroïque de l'affranchissement. »

PROUDHON.

« Sous l'ancien régime « la plupart des communes de France végétaient dans un état à peine croyable d'ignorance, d'égoïsme. »

L. BLANC.

« Une paroisse, c'est un assemblage de cabanes et d'habitants non moins passifs qu'elles. »

TURGOT.

« L'âme du pays est insaisissable, mais elle est si vivante et si puissante qu'elle nous saisit à jamais dès nos premiers pas, dès nos premiers balbutiements. Rude ou joyeux, tourmenté ou apaisé, le pays natal nous tient par son ciel, sa clarté, ses formes, ses couleurs, ses parfums, avant de nous enchanter et de nous séduire à jamais par son histoire, son parler, son labeur, ses chansons. »

OCTAVE AUBERT.

« La commune est un centre de vie politique et administrative; c'est un petit organisme subordonné au grand, une petite patrie comprise dans la grande et qui empêche le sentiment de la patrie de s'évanouir dans l'abstraction, en dehors des grandes crises nationales, où forcément il se réveille. Il n'y a pas vie politique dans un pays sans une forte organisation de la commune. »

PAUL BUQUET.

« C'est dans les communes que réside la force des peuples libres. Les institutions communales sont à la liberté ce que les écoles primaires sont à la science; elles la mettent à la portée du peuple; elles lui en font goûter l'usage paisible et l'habituent à s'en servir. »

DE TOCQUEVILLE.

« On aime la maison qu'on a bâtie et qu'on transmet. Le chant grec : « Nous sommes ce que vous fûtes ; nous serons ce que vous êtes » est dans sa simplicité l'hymne abrégé de toute patrie. »

RENAN.

« Au moyen âge, les citoyens aimaient la tour de leur beffroi d'une affection enthousiaste. Eux, si économes ordinairement de leurs deniers municipaux, n'épargnaient rien pour la parer de hautes flèches, d'élégants clochetons, de splendides dentelles de pierre. Bientôt elle devint tout un monument, monument nouveau, dans l'histoire comme dans la commune elle-même, et auquel travaillaient, rivalisant de zèle, les artisans et les artistes. »

FR. MORIN.

LE MAIRE

Le maire, élu par le Conseil municipal, et non plus désigné par le gouvernement, est le représentant de la commune; il veille à l'exécution des délibérations du Conseil et surveille les travaux de la commune.

Mais le maire est aussi le représentant de l'Etat. Il doit veiller, comme tel, à l'observation des lois, exercer la police municipale, assurer le maintien de l'ordre, être l'auxiliaire de l'autorité militaire pour tout ce qui intéresse la défense nationale : mobilisation, passage de troupes, recensement des conscrits.

Ce n'est pas tout. Le maire est encore officier de l'État civil. A ce titre, le maire et ses adjoints reçoivent les déclarations de naissance et de décès, ils célèbrent les mariages et signent avec les témoins les registres de l'état civil où est dressé le procès-verbal des déclarations ou des cérémonies.

Jusqu'à la veille de la Révolution française, les protestants et les juifs n'avaient pas d'état civil, parce que les registres étaient aux mains des prêtres catholiques. En 1787, il fut permis à ceux que l'on traitait en parias de s'adresser aux officiers de justice pour faire constater les naissances de leurs enfants, les mariages et les décès. Depuis la

Révolution, ce ne sont plus les ministres d'un culte qui tiennent les registres de l'état civil. C'est le maire, c'est l'élu de la commune, et la mairie est ouverte à tous, sans distinction d'opinion, de religion ou d'origine. Sur ses murs est inscrite la triple devise qui rappelle aux enfants de la même patrie qu'ils sont tous libres, égaux et frères.

**

« Le maire est à la tête de la surveillance locale. »

GUIZOT.

« Avant la Révolution, il n'y avait dans les villages que deux fonctionnaires, le syndic et le collecteur de tailles. Le syndic n'était autre chose qu'un maire, sauf qu'en fait d'assemblée, il n'avait autour de lui que des chefs de familles qui voulaient bien se rendre à l'appel de la cloche, devant le porche de l'église, quand une affaire quelconque intéressait la paroisse.... Les fonctions de syndic de paroisse, ordinairement acquises à prix d'argent, se transmettaient héréditairement dans les familles, et ce magistrat obscur, pour ainsi dire inutile, car il ne pouvait rien pour la défense des intérêts communaux, n'était la plupart du temps que l'humble serviteur, quelquefois le régisseur ou le fermier soit du seigneur, soit du curé. »

E. GARET.

**

Mon village.

Connaissez-vous mon gai village
Et la maison au toit pointu,
Où, se succédant d'âge en âge,
Tous mes ancêtres ont vécu ?

2

J'aime le mur de pierre sèche
Que le temps a rendu tout noir,
Et la fontaine à l'eau si fraîche
Où les bœufs vont boire le soir.

Elle est petite la mairie,
Mais c'est là que depuis cent ans
Tout le village se marie :
Après les pères, les enfants !

Voici l'école aux vitres nettes
Et la cour propice aux ébats,
D'où sortent des hommes honnêtes,
Des citoyens et des soldats.

Octave Aubert.

Sous l'ancien régime « l'organisation intérieure des communes se réduisait à deux éléments fort simples, l'assemblée générale des habitants, et un gouvernement investi d'un pouvoir à peu près arbitraire. Il fut impossible, surtout à cause de l'état des mœurs, d'établir un gouvernement régulier, de véritables garanties d'ordre et de durée. La plus grande partie de la population des communes était à un degré d'ignorance, de brutalité tel qu'elle était très difficile à gouverner. »

Guizot.

« L'État a entouré les actes de l'état civil de toutes les prescriptions et formalités nécessaires pour en assurer la parfaite authenticité. Dans chaque mairie, des registres, tenus en double, sous la surveillance du maire, sont destinés à recevoir les actes de l'état civil. Les feuillets de ces registres sont timbrés, numérotés du premier au dernier, revêtus chacun de la signature du président du tribunal civil, pour éviter qu'aucun acte ne puisse être détruit ou falsifié; et les peines les plus graves sont attachées à toute tentative de fraude dans une affaire si importante pour les citoyens comme pour l'Etat.

J. GÉRARD.

(*Maximes morales de l'écolier français*) Gedalge et Cⁱᵉ, éditeurs.

LE CANTON — L'ARRONDISSEMENT
LE DÉPARTEMENT

L'assemblage de plusieurs communes forme une juridiction administrative qu'on appelle canton. C'est au chef-lieu de canton que se tiennent généralement les foires; c'est au chef-lieu de canton que siège le juge de paix. Chaque canton nomme un membre du conseil général qui se réunit au chef-lieu du département et un membre du conseil d'arrondissement qui se réunit au chef-lieu de l'arrondissement.

Plusieurs cantons forment un arrondissement; chaque département comprend plusieurs arrondissements.

Les départements sont à peu près égaux en étendue, et leurs noms sont empruntés à leur situation géographique.

Sous l'ancien régime, c'est-à-dire avant la Révolution, la France était divisée en provinces. Chacune avait sa race, ses coutumes, son droit spécial, ses lois fiscales. Les unes étaient grandes et les autres petites. Les unes étaient privilégiées et les autres pâtissaient. Ces inégalités engendrèrent souvent des rivalités et des haines qui furent un obstacle à l'unité nationale.

L'œuvre de la Révolution supprima les inégalités et fusionna dans des cadres nouveaux les anciennes provinces.

Comme la commune qui peut posséder, vendre et acheter, le département a son domaine propre et sa personnalité civile. Il a des propriétés, routes départementales, canaux, hospices, hôtels de préfecture et de sous-préfecture. Comme la commune aussi, l'Etat a son budget et ses revenus. Le budget départemental est voté par le Conseil général comme le budget communal est voté par le Conseil municipal.

***

Dans son livre « les Bienfaits de la Révolution » M. Emile Garet a écrit : « Avec les anciennes provinces chaque coin du pays avait une physionomie propre, des intérêts séparés; chaque fragment de la population du royaume avait son caractère particulier et ses mœurs spéciales. On voyait entre Provençaux et Bretons, Gascons et Normands la différence que l'on remarque de nos jours entre Russes et Polonais, Autrichiens et Hongrois.... Il fallait fusionner les races comme les intérêts, ramener tout au principe de l'unité : le sol, les lois, les mœurs et les divers fonctionnements de la chose publique, arriver enfin à constituer une seule race et un seul peuple, le peuple français, un territoire et un empire uniforme, la France. »

C'est ce que comprirent et réalisèrent les hommes de 1789. « Ce fut là, dit l'historien Mignet, une idée de génie. »

***

« Le territoire avait toujours été partagé en provinces, successivement unies à l'ancienne France. Ces provinces, différant entre elles de lois, de privilèges, de mœurs, formaient l'ensemble le plus hétérogène. Sieyès eut l'idée de les confondre par une nouvelle division qui anéantit les démarcations anciennes et ramenât toutes les parties du royaume aux mêmes lois et au même esprit. C'est ce qui fut fait par la division en départements. »

TH IERS.

LA PRÉFECTURE

Le Préfet. — Le Conseil général. — Le Conseil de préfecture.

Le préfet est l'administrateur en chef d'un département, et il réside au chef-lieu. Sa résidence se nomme la préfecture. C'est là que se trouvent en même temps que ses bureaux, le cabinet du secrétaire général, qui peut le remplacer, et les conseillers de préfecture qui forment dans chaque département un tribunal administratif.

Le préfet est nommé par le gouvernement dont il est le représentant. A ce titre, il est chargé de faire exécuter les lois, décrets et arrêtés, de surveiller toutes les parties de l'administration publique, de nommer, de suspendre, de révoquer certains agents, de prendre des arrêtés.

Délégué direct du ministre de l'intérieur, le préfet correspond avec tous les ministres; il représente dans le département le gouvernement tout entier et est le véritable chef du pouvoir exécutif.

Un adage de notre droit public est celui-ci : « Administrer est le fait d'un seul, délibérer est le fait de plusieurs. »

Dans la commune, le maire administre et le Conseil municipal délibère. Dans le département, le préfet administre et le Conseil général prend les délibérations.

Le Conseil général est formé d'autant de membres élus par le suffrage universel qu'il y a de cantons. Les conseillers généraux sont élus pour six ans et ils tiennent deux sessions par an ; le Conseil général, qu'on nomme aussi l'Assemblée départementale, s'occupe de toutes les affaires du département, tantôt statuant définitivement, tantôt donnant seulement un avis au gouvernement qui décide. La plus importante des attributions du Conseil général est l'établissement du budget départemental.

Le Conseil de préfecture est composé de trois ou quatre membres — huit à Paris — nommés par le pouvoir central. Il donne son avis au Préfet au sujet des affaires qui lui sont soumises et est en même temps un tribunal en matière de contestations relatives aux élections communales. De plus, il juge les réclamations à propos des contributions directes et les difficultés qui surgissent assez fréquemment entre les entrepreneurs de travaux et les administrations publiques qui leur ont confié ces travaux.

* * *

« La politique, pour la démocratie contemporaine, ce n'est pas une lutte plus ou moins brillante concentrée dans l'enceinte des assemblées nationales : c'est l'élaboration sur place, dans chaque communauté administrative de la France, de toutes les questions qui touchent aux droits, aux intérêts, aux besoins, à

l'émancipation morale et matérielle de tous les membres
de cette grande démocratie dont on suit le lent et
douloureux affranchissement à travers notre histoire,
mise en tutelle par la Révolution de 1789, investie de
tous ses droits par celle de 1848, et qui, après avoir été
constamment asservie, refoulée ou trompée par des
maîtres divers, veut aujourd'hui faire ses affaires, par
l'intermédiaire d'hommes sortis de son sein et décidés
à ne jamais séparer leur cause de celle du peuple. »

GAMBETTA.

(*Discours*) Fasquelle, éditeur.

* * *

La volonté de réagir contre le système des anciennes
provinces, d'établir l'unité nationale et l'unité du gouvernement a poussé celui-ci à établir un régime administratif de « centralisation. »

M. de Cormenin a peint énergiquement en une phrase
ce puissant mécanisme : « Au même instant le gouvernement veut, le ministre ordonne, le préfet transmet,
le maire exécute, les régiments s'ébranlent, les flottes
s'avancent, le tocsin sonne, le canon gronde et la France
est debout. »

Mais sous un gouvernement d'opinion, de suffrage
universel, de liberté, les lois corrigent petit à petit ce
qu'il peut y avoir d'abusif et de tyrannique dans une
centralisation à outrance. Les administrations locales,
c'est-à-dire les conseils municipaux et les conseils généraux sont dotés de plus en plus d'initiative, et, sans
affaiblir l'unité du pouvoir, une méthodique décentrali-
sation doit donner une sage indépendance aux communes et aux départements, administrés par leurs élus
et par les mandataires du gouvernement central.

* * *

« Changer la face du territoire, effacer jusqu'au nombre des provinces, y substituer arbitrairement quatre-vingt-trois départements, semblait le comble de l'audace. Mirabeau lui-même pensait qu'un pareil bouleversement ne se ferait pas sans arracher des cris aux pierres et qu'il serait nécessaire de tenir plus de compte des anciens liens historiques. Mirabeau se trompait. Il ne fallut à l'Assemblée qu'un décret pour effacer les provinces, œuvre des siècles....

« Ce changement, en apparence le plus grand de tous et qui paraissait au-dessus des forces humaines, s'accomplit non seulement en un instant, mais encore sans rencontrer aucune difficulté. Les provinces s'évanouirent et ne laissèrent aucun regret. Pourquoi eût-on regretté les anciennes divisions territoriales? On avait tant souffert dans ces vieilles limites! Elles ne rappelaient qu'oppression, inimitié, rivalités au profit d'un maître....

« Deux choses opérèrent ce prodige : premièrement le désir, qu'aucun peuple n'eut au même degré, de s'unir étroitement, de se pénétrer d'une frontière à l'autre, de n'avoir partout qu'un cœur et une âme; et ce fut là une des inspirations sacrées de la Révolution. Deuxièmement le désir de se fondre en un seul corps trouva une singulière facilité dans le délabrement et la ruine morale où la royauté avait conduit les provinces. »

EDG. QUINET.

(*Édition du Centenaire*) Hachette, éditeur.

L'ARRONDISSEMENT — LE CANTON

Chaque département est divisé en arrondissements. L'arrondissement n'est qu'une division administrative, sans biens propres et sans budget spécial. Tout arrondissement, à part celui du chef-lieu où réside le préfet, a à sa tête un sous-préfet qui représente le pouvoir central. Le sous-préfet est un auxiliaire du préfet dont il prépare les affaires dans le ressort de son arrondissement.

Au chef-lieu de l'arrondissement siège le Conseil d'arrondissement composé de membres élus par chaque canton. Ces conseillers élus pour six ans comme les conseillers généraux se réunissent avant et après la session d'août du Conseil général, pour répartir entre les communes de l'arrondissement les contributions directes.

Le canton est tout simplement un groupe de communes; il n'a à sa tête aucun fonctionnaire qui y représente spécialement le gouvernement. Les grandes villes sont divisées en plusieurs cantons. Paris exceptionnellement est divisé en vingt arrondissements.

Chaque canton a sa justice de paix, son percepteur des contributions directes, son receveur de l'enregistrement, son agent voyer ou son conducteur des ponts et chaussées, son délégué cantonal.

C'est au canton qu'ont lieu le tirage au sort des conscrits et le conseil de revision.

En résumé, le département est administré par le préfet qui représente le gouvernement, et qui est assisté par un Conseil général élu ; le préfet transmet ses ordres dans chaque arrondissement au sous-préfet, à côté duquel siège, avec des attributions fixées par la loi, le Conseil d'arrondissement ; le sous-préfet communique directement avec les maires qui, dans chaque commune, sont assistés de leur conseil municipal élu, comme le Conseil général et le Conseil d'arrondissement, par le suffrage populaire.

*
* *

Tous les départements sont organisés de la même façon : le préfet a des pouvoirs définis : d'une part, il est l'agent soumis du gouvernement et d'autre part, l'exécuteur des délibérations du conseil général élu par le suffrage universel.

Avant la Révolution, chaque province était administrée par un intendant. Le ministre Necker, demandant à Louis XVI la création d'assemblées provinciales, ugeait en ces termes sévères l'administration des intendants :

« A peine peut-on donner le nom d'administration à cette *volonté arbitraire d'un seul homme* qui tantôt présent, tantôt absent, tantôt instruit, tantôt incapable, doit régir les parties les plus importantes de l'ordre public qui, souvent, ne mesurant pas même la grandeur de la mission qui lui est confiée, ne considère sa place que comme un échelon à son ambition.... Impatients de venir à Paris, les intendants laissent à leurs secrétaires ou à leurs subdélégués le soin de les remplacer dans leur devoir public....

« Ces subdélégués, on le sent facilement, doivent être timides avec les puissants et arrogants devant les faibles; ils doivent surtout se parer de l'autorité royale, et cette autorité en de pareilles mains doit surtout éloigner du roi le cœur de ses peuples.

« Il n'y a dans les provinces *aucun contradicteur légitime* de l'intendant. Ainsi, à moins qu'on ne soit averti par des injustices ou par quelque scandale public, on est obligé de voir par les yeux de l'homme même qu'on aurait besoin de juger. »

***

« Le Conseil d'arrondissement émet des vœux sur les travaux publics ou les réformes de diverse nature à accomplir dans son ressort, et donne des avis sur les changements de circonscription des communes, sur la direction des routes, sur l'établissement des foires et marchés. Il répartit entre les communes le contingent de l'impôt que le Parlement a partagé entre les départements et le Conseil général entre les arrondissements, Comme l'arrondissement n'a pas de budget, c'est-à-dire ne peut ni posséder, ni vendre, ni dépenser, le Conseil d'arrondissement n'a aucun pouvoir. La seule attribution politique de ses membres consiste à être électeurs sénatoriaux. »

J. STEEG.

LA SOUVERAINETÉ NATIONALE
LA RÉPUBLIQUE

Dans chaque département une assemblée élue, le Conseil général, siège à côté du préfet, représentant du pouvoir central, du gouvernement. A Paris, au centre du pouvoir exécutif et administratif est installé le gouvernement ; à côté de lui siègent le Sénat et la Chambre des députés qui font les lois et contrôlent les actes du gouvernement. Les élus du suffrage universel participent ainsi du haut en bas de l'organisme politique et administratif à la conduite des affaires publiques. Nous vivons donc sous le régime de la souveraineté nationale. Elle est la base du régime républicain qui a fait la force et la grandeur de notre bien-aimée Patrie. Par là, la nation participe au gouvernement du pays, par l'intermédiaire des représentants élus.

Le système électoral date de la Révolution. D'abord l'élection fut à deux degrés. Depuis 1791, l'organisation électorale fut souvent modifiée. L'électorat a été basé ensuite sur un cens (contribution) plus ou moins élevé, 300 francs d'impôts sous la Restauration, 200 francs sous Louis-Philippe. On était électeur tantôt à 30 ans, tantôt à 25. En 1848 on aboutit enfin au suffrage universel direct, sans condition de cens ni de capacité et sans autre restriction que la majorité civile, qui est fixée à 21 ans.

Par le suffrage universel, le peuple est le maître de ses destinées. Le bulletin de vote est l'arme pacifique et efficace grâce à laquelle tous les vœux de l'opinion publique peuvent être exaucés et toutes les réformes réalisées.

Supprimant les droits féodaux et les privilèges, la première République donna aux citoyens la liberté; abolissant les dernières prérogatives politiques de la naissance et de la fortune, la seconde République les dota de l'égalité. Nous devons, sous la troisième République, tout en gardant jalousement l'héritage de la liberté et de l'égalité, travailler à l'avènement de ce règne de la justice sociale, de la solidarité, de la bienveillance mutuelle qui portent dans la triple devise de la Révolution le beau nom de fraternité.

* * *

Au-dessus des institutions réside un pouvoir souverain, le peuple.

A. DE TOCQUEVILLE.

Une société ne vit que par les lois qu'elle s'est données.

J. SIMON.

Tout homme qui a du pouvoir est porté à en abuser.

MONTESQUIEU.

Qu'était-ce que la nation avant 1789? C'était; d'une part, deux cent mille privilégiés, jouissant abusivement de toute sorte de prérogatives, de droits et d'honneurs au point de vue social, ne supportant, à peu de chose près, aucune des charges publiques, personnifiant en quelque sorte la nature tout entière aux yeux du gouvernement et n'ayant pourtant dans l'Etat qu'un rôle absolument effacé. D'une autre part, c'était plus de vingt-quatre millions d'hommes, n'ayant ni privilèges ni influences d'aucune sorte, uniformément courbés sous le même niveau, le mépris de deux cent mille autres, et réduits, pour la plupart, à la pire des situations au point de vue de l'assujettissement; l'immense majorité qui ne possédait rien et travaillait pour autrui, supportait une large part dans les impôts indirects; la minorité, qui possédait environ le quart du territoire seulement, supportait seule le poids des impôts directs, et, en outre, payait aux deux cent mille privilégiés les dîmes ecclésiastiques et les redevances féodales.

(*Les Bienfaits de la Révolution.*)

EMILE GAUET.

« Tout aboutit à l'urne électorale et tout en découle. »

J. STEEG.

« Il y a un jour dans l'année où le gagne-pain, le journalier, le manœuvre, l'homme qui traîne des fardeaux, l'homme qui casse des pierres au bord des routes, juge les représentants, le Sénat, les ministres, le président de la République. Il y a un jour dans l'année où le plus modeste citoyen prend part à la vie immense du pays tout entier, où la plus étroite poitrine se dilate à l'air vaste des affaires publiques; un jour où le plus faible sent en lui la grandeur de la souveraineté nationale, où le plus humble sent en lui l'âme de la patrie. »

V. HUGO.

« Le côté profond, efficace, politique du suffrage universel, ce fut d'aller chercher dans les régions doulou-
reuses de la société, dans les bas-fonds, l'être courbé
sous le poids des négations sociales, l'être froissé qui,
jusqu'alors, n'avait eu d'autre espoir que la révolte, et
de lui apporter l'espérance sous une autre forme, de lui
dire : « Vote, ne te bats plus. »

V. Hugo.

« Il faut que notre démocratie prenne l'habitude de ré-
sister aux excitations violentes, se refuse aux haines
de classes, de croyances ou de races. »

Léon Bourgeois.

« Je voudrais qu'on fit bien pénétrer dans la tête de
l'électeur que le bulletin de vote, que ce carré de papier,
c'est la destinée, que c'est lui — quand il écrit un nom
sur son carré de papier — qui prononce souverainement
sur le bien ou le mal qui doit lui arriver.

« Si vous vous rappelez qu'il y a un jour, une heure
où vous êtes libre d'écrire tel nom de préférence à tel
autre sur votre bulletin de vote, vous vous procurerez
tous ces avantages après lesquels vous soupirez, et
vous ferez disparaître tous les obstacles dont vous vous
plaignez. »

Gambetta.

(*Discours*) Fasquelle, éditeur.

LA CONSTITUTION ET LES PRINCIPES DE LA RÉVOLUTION

Louis XIV, personnifiant le pouvoir absolu, pouvait dire : « L'Etat, c'est moi. » Aujourd'hui, sous le régime de la souveraineté populaire et du suffrage universel, on doit dire : « L'Etat, c'est la nation. »

Mais une grande nation ne peut pas se gouverner elle-même directement. Elle délègue son autorité à des mandataires qui forment le gouvernement.

Le pacte fondamental qui fixe les rapports entre le gouvernement et les citoyens et qui règle l'organisation du pouvoir se nomme la constitution.

C'est pour avoir une Constitution que l'Assemblée constituante de 1789 lutta contre les ordres privilégiés. C'est la Constitution qui devait fixer la forme du gouvernement, les attributions et le fonctionnement de chacun des pouvoirs de l'Etat, les droits essentiels des individus en ce qui concerne les garanties de liberté et enfin la participation des citoyens à l'exercice de l'autorité par le droit et le devoir de voter.

Les Constitutions ont été nombreuses dans notre pays depuis 1789; elles ont varié suivant les succès de l'idée de la Révolution française ou suivant les succès de la contre-Révolution.

Les Constitutions de 1791, de 1793, de 1795, comme celles de 1830, de 1848 et de 1875 furent inspirées par les principes de 1789. Au contraire les Constitutions de 1804, de 1814 et de 1815 marquèrent un recul considérable. Ce furent des Constitutions de réaction. Elles foulaient aux pieds les droits du citoyen inscrits solennellement en tête des Constitutions de la Révolution française.

Le résultat essentiel de la Révolution française fut l'institution de règles qui firent émaner toute l'autorité de la volonté nationale, substituèrent la force de la loi à l'arbitraire de l'ancien régime et établirent dans les rapports entre le peuple et le pouvoir l'harmonie et l'ordre, sans lesquels il ne peut y avoir ni justice ni progrès durable.

***

« Tout le mal vient de ce que la France n'a pas de constitution. »

TURGOT.

***

« La France aime sa révolution par reconnaissance; elle l'aime aussi parce qu'elle l'a chèrement achetée. »

H. CARNOT.

***

« Avant 1789, tout était privilège dans les individus, les classes, les villes, les provinces et les métiers eux-mêmes. Tout était entrave pour l'industrie et le génie de l'homme. Les dignités civiles, ecclésiastiques et militaires étaient exclusivement réservées à quelques classes, et dans ces classes à quelques individus. On ne pouvait embrasser une profession qu'à certains titres et à certaines conditions pécuniaires. Les villes avaient leurs privilèges pour l'assiette, la perception, la quotité de l'impôt et pour le choix des magistrats.

Tout était donc immobilisé dans quelques mains, et partout le petit nombre résistait au grand nombre dépouillé. Les charges pesaient sur une seule classe. La noblesse et le clergé possédaient à peu près les deux tiers des terres ; l'autre tiers, possédé par le peuple, payait des impôts au roi, une foule de droits féodaux à la noblesse, la dîme au clergé, et supportait de plus les dévastations des chasseurs nobles et du gibier. Les impôts sur les consommations pesaient sur le grand nombre, et par conséquent sur le peuple. La perception était vexatoire ; les seigneurs étaient impunément en retard ; le peuple, au contraire, maltraité, enfermé, était condamné à livrer son corps à défaut de ses produits. Il nourrissait donc de ses sueurs, il défendait de son sang les hautes classes de la société, sans pouvoir exister lui-même. La bourgeoisie, industrieuse, éclairée, moins malheureuse sans doute que le peuple, mais enrichissant le royaume par son industrie, l'illustrant par ses talents, n'obtenait aucun des avantages auxquels elle avait droit. La justice, distribuée dans quelques provinces par les seigneurs, dans les juridictions royales par des magistrats acheteurs de leurs charges, était lente, souvent partiale, toujours ruineuse et surtout atroce dans les poursuites criminelles. La liberté individuelle était violée par les lettres de cachet, la liberté de la presse par les censeurs royaux....

THIERS.

(*Histoire de la Révolution*) Boivin et Cie, éditeurs.

« La République est, par excellence, le régime de la dignité humaine, le régime du respect de la volonté nationale. C'est le régime qui peut, seul, supporter la liberté de tous; qui, seul, peut faire les affaires d'un peuple qui a besoin de communiquer avec lui-même, de se réunir, de s'associer, d'exiger des comptes, de critiquer, d'examiner, en un mot de diriger ses propres intérêts et de changer ses intendants quand ils ont mal agi. »

GAMBETTA.

LES DROITS DU CITOYEN

La souveraineté appartient aux citoyens, soumis aux lois établies au nom de tous dans l'intérêt général. Quels sont les droits du citoyen? Nous les trouvons énumérés dans la fameuse déclaration qui fut placée en tête de la Constitution de 1791.

Cette déclaration est celle des droits de *l'homme* et du *citoyen*, c'est-à-dire que la Révolution se plaçant au-dessus des faits du moment et de tous les peuples proclama les droits de tous les hommes dans le monde civilisé. Les droits qu'elle inscrit solennellement sont ceux de l'humanité tout entière. Même courbé sous un pouvoir tyrannique, l'être humain porte en lui ces droits, et nul ne peut les violer sans abus et sans crime.

Etablissant la constitution française sur les principes de la Déclaration des droits de l'homme et du citoyen, l'Assemblée nationale abolit les institutions qui blessaient la liberté et l'égalité des droits. Il n'y eut plus ni noblesse, ni pairie, ni distinctions héréditaires, ni distinctions d'ordre, ni régime féodal, ni justices patrimoniales, ni aucun des titres, dénominations et prérogatives qui en dérivaient. Il n'y eut plus aucune supériorité que celle des fonctionnaires publics dans l'exercice de leurs fonctions. Il n'y eut plus, pour aucune partie de la nation, ni pour aucun individu, aucun privilège ni exception au droit commun de tous les Français.

*
* *

Déclaration des droits.

ARTICLE PREMIER. — Les hommes naissent et demeurent libres et égaux en droits. Les distinctions sociales ne peuvent être fondées que sur l'utilité commune.

ART. 2. — Le but de toute association politique est la conservation des droits naturels et imprescriptibles de l'homme. Ces droits sont la liberté, la propriété, la sûreté et la résistance à l'oppression.

ART. 3. — Le principe de toute souveraineté réside essentiellement dans la nation. Nul corps, nul individu ne peut exercer d'autorité qui n'en émane expressément.

ART. 4. — La liberté consiste à pouvoir faire tout ce qui ne nuit pas à autrui. Ainsi, l'exercice des droits naturels de chaque homme n'a de bornes que celles qui assurent aux autres membres de la société la jouissance de ces mêmes droits. Ces bornes ne peuvent être déterminées que par la loi.

ART. 5. — La loi n'a le droit de défendre que les actions nuisibles à la société. Tout ce qui n'est pas défendu par la loi ne peut être empêché, et nul ne peut être contraint à faire ce qu'elle n'ordonne pas.

ART. 6. — La loi est l'expression de la volonté générale. Tous les citoyens ont droit de concourir personnellement ou par leurs représentants à sa formation. Elle doit être la même pour tous, soit qu'elle protège, soit qu'elle punisse. Tous les citoyens, étant égaux à ses yeux, sont également admissibles à toutes dignités, places et emplois publics, selon leur capacité, et sans

autre distinction que celle de leurs vertus ou de leurs
talents.

ART. 7. — Nul homme ne peut être accusé, arrêté ni
détenu que dans les cas déterminés par la loi, et selon
les formes qu'elle a prescrites. Ceux qui sollicitent,
expédient, exécutent ou font exécuter des ordres arbitraires doivent être punis; mais tout citoyen appelé ou
saisi en vertu de la loi doit obéir à l'instant : il se rend
coupable par la résistance.

ART. 8. — La loi ne doit établir que des peines strictement et évidemment nécessaires, et nul ne peut être
puni qu'en vertu d'une loi établie et promulguée anté-
rieurement au délit et légalement appliquée.

ART. 9. — Tout homme étant présumé innocent
jusqu'à ce qu'il ait été déclaré coupable, s'il est jugé
indispensable de l'arrêter, toute rigueur qui ne serait
pas nécessaire pour s'assurer de sa personne doit être
sévèrement réprimée par la loi.

ART. 10. — Nul ne doit être inquiété pour ses opinions, même religieuses, pourvu que leur manifestation
ne trouble pas l'ordre public établi par la loi.

ART. 11. — La libre communication des pensées et
des opinions est un des droits les plus précieux de
l'homme : tout citoyen peut donc parler, écrire, imprimer librement, sauf à répondre de l'abus de cette liberté
dans les cas déterminés par la loi.

ART. 12. — La garantie des droits de l'homme et du
citoyen nécessite une force publique : cette force est
donc instituée pour l'avantage de tous, et non pour
l'utilité particulière de ceux auxquels elle est confiée.

ART. 13. — Pour l'entretien de la force publique et
pour les dépenses d'administration, une contribution
commune est indispensable; elle doit être également
répartie entre tous les citoyens, en raison de leurs facultés.

ART. 14. — Tous les citoyens ont le droit de constater par eux-mêmes ou par leurs représentants la nécessité de la contribution publique, de la consentir librement, d'en suivre l'emploi et d'en déterminer la quotité, l'assiette, le recouvrement et la durée.

ART. 15. — La société a le droit de demander compte à tout agent public de son administration.

ART. 16. — Toute société dans laquelle la garantie des droits n'est pas assurée, ni la séparation des pouvoirs déterminée, n'a point de constitution.

ART. 17. — La propriété étant un droit inviolable et sacré, nul ne peut en être privé, si ce n'est lorsque la nécessité publique, légalement constatée, l'exige évidemment, et sous la condition d'une juste et préalable indemnité.

***

« La déclaration des *droits* respire le sentiment des *devoirs*. Le devoir non exprimé n'y est pas moins présent partout; partout vous y sentez sa gravité austère. »

MICHELET.

***

« Quelle transformation annonçait la Déclaration! Quel profond abîme elle creusait entre le passé et le présent! Quels principes souverainement justes, indéniables et protecteurs elle proclamait pour l'avenir! »

CHALLAMEL.

DROITS ET DEVOIRS DU CITOYEN

Il ne suffit pas au citoyen libre d'avoir des droits à faire respecter; il a aussi des devoirs à remplir.

La déclaration qui fut placée en tête de la constitution de l'an III (1795) définit et précise d'une façon nouvelle les droits du citoyen, mais elle énumère ensuite ses devoirs essentiels. A ce titre, elle mérite d'être plus connue qu'elle ne l'est généralement.

En voici le texte complet :

Droits.

ARTICLE PREMIER. — Les droits de l'homme en société sont : la liberté, l'égalité, la sûreté, la propriété.

ART. 2. — La liberté consiste à pouvoir faire ce qui ne nuit pas aux droits d'autrui.

ART. 3. — L'égalité consiste en ce que la loi est la même pour tous, soit qu'elle protège, soit qu'elle punisse. L'égalité n'admet aucune distinction de naissance, aucune hérédité de pouvoirs.

ART. 4. — La sûreté résulte du concours de tous pour assurer les droits de chacun.

ART. 5. — La propriété est le droit de jouir et de disposer de ses biens, de ses revenus, du fruit de son travail, de son industrie.

ART. 6. — La loi est la volonté générale exprimée

par la majorité des citoyens ou de leurs représentants.

Art. 7. — Ce qui n'est pas défendu par la loi ne peut être empêché; nul ne peut être contraint à faire ce qu'elle n'ordonne pas.

Art. 8. — Nul ne peut être appelé en justice, arrêté ni détenu, que dans les cas déterminés par la loi et selon les formules qu'elle a prescrites.

Art. 9. — Ceux qui sollicitent, expédient, signent, exécutent ou font exécuter des actes arbitraires sont coupables et doivent être punis.

Art. 10. — Toute rigueur qui ne serait pas nécessaire pour s'assurer de la personne d'un prévenu doit être sévèrement réprimée par la loi.

Art. 11. — Nul ne peut être jugé qu'après avoir été entendu ou légalement appelé.

Art. 12. — La loi ne doit prononcer que des peines strictement nécessaires et proportionnées au délit.

Art. 13. — Tout traitement qui aggrave la peine déterminée par la loi est un crime.

Art. 14. — Aucune loi, ni criminelle ni civile, ne peut avoir d'effet rétroactif.

Art. 15. — Tout homme peut engager son temps et ses services, mais il ne peut ni se vendre ni être vendu; sa personne n'est pas une propriété aliénable.

Art. 16 — Toute contribution est établie pour l'utilité générale; elle doit être répartie entre les contribuables en raison de leurs facultés.

Art. 17. — La souveraineté réside essentiellement dans l'universalité des citoyens.

Art. 18 — Nul individu, nulle réunion partielle de citoyens ne peut s'attribuer la souveraineté.

Art. 19. — Nul ne peut, sans une délégation légale, exercer aucune autorité, ni remplir aucune fonction publique.

Art. 20. — Chaque citoyen a un droit égal de concourir, immédiatement ou médiatement, à la formation de la loi, à la nomination des représentants du peuple et des fonctionnaires publics.

Art. 21. — Les fonctions publiques ne peuvent devenir la propriété de ceux qui les exercent.

Art. 22. — La garantie sociale ne peut exister si la division des pouvoirs n'est pas établie, si leurs limites ne sont pas fixées et si la responsabilité des fonctionnaires n'est pas assurée.

Devoirs.

Article premier. — La déclaration des droits contient les obligations des législateurs; le maintien de la société demande que ceux qui la composent connaissent et remplissent également leurs devoirs.

Art. 2. — Tous les devoirs de l'homme et du citoyen dérivent de ces deux principes gravés par la nature dans tous les cœurs : ne faites pas à autrui ce que vous ne voudriez pas qu'on vous fît; faites constamment aux autres le bien que vous voudriez en recevoir.

Art. 3. — Les obligations de chacun envers la société consistent à la défendre, à la servir, à vivre soumis aux lois et à respecter ceux qui en sont les organes.

Art. 4. — Nul n'est bon citoyen s'il n'est bon fils, bon père, bon frère, bon ami, bon époux.

Art. 5. — Nul n'est homme de bien s'il n'est franchement et religieusement observateur des lois.

Art. 6. — Celui qui viole ouvertement les lois se déclare en état de guerre avec la société.

Art. 7. — Celui qui, sans enfreindre ouvertement les lois, les élude par ruse ou par adresse, blesse les intérêts de tous ; il se rend indigne de leur bienveillance et de leur estime.

ART. 8. — C'est sur le maintien des propriétés que reposent la culture des terres, toutes les productions, tout moyen de travail et tout ordre social.

ART. 9. — Tout citoyen doit ses services à la patrie et au maintien de la liberté, de l'égalité et de la propriété, toutes les fois que la loi l'appelle à les défendre.

* *
*

« Les formes du pouvoir ont maintes fois changé depuis la Déclaration des droits : dix constitutions ont passé ; les principes de 89, trop souvent violés, se relèvent toujours avec l'esprit public. Ils sont au-dessus de toutes les constitutions et de toutes les formes. »

H. MARTIN.

LA SÉPARATION DES POUVOIRS

La déclaration des droits de l'an III dit que la garantie sociale ne peut exister si la division des pouvoirs n'est pas établie et si leurs limites ne sont pas fixées.

Sous l'ancien régime les pouvoirs étaient confondus entre les mains d'un seul. Le pouvoir était absolu, et les agents du monarque n'étaient que ses instruments passifs. Le gouvernement avait à la fois la puissance législative et la puissance exécutive. Le roi faisait les lois et les exécutait; il était en même temps le chef de la justice. D'où l'arbitraire.

L'œuvre de la Révolution fut de constituer séparément les trois pouvoirs chargés de la confection des lois, de l'application des lois, de la répression des infractions aux lois, autrement dit : le pouvoir législatif, le pouvoir exécutif et le pouvoir judiciaire.

Le pouvoir législatif appartient aux représentants élus par la nation.

Le pouvoir exécutif appartient au Président de la République élu par les députés et les sénateurs et assisté de ministres responsables devant la Chambre des députés et le Sénat.

Le pouvoir judiciaire est exercé à chaque degré ou à chaque juridiction par des magistrats chargés de protéger, conformément aux lois, les intérêts privés, et de réprimer les, contraventions, les délits et les crimes.

Cette séparation rationnelle et juste des trois pouvoirs a supprimé le régime du bon plaisir, de la fantaisie, de l'arbitraire. Elle a mis fin aux abus qui avaient provoqué le grand et noble mouvement de la Révolution française.

***

« Toute société dans laquelle la garantie des droits n'est pas assurée, ni la séparation des pouvoirs déterminée, n'a pas de Constitution. »

(CONSTITUTION de 1791.)

***

« Tout gouvernement porte en lui les pouvoirs législatif, exécutif et judiciaire; leur confusion ou leur bonne distribution fait la différence entre les gouvernements absolus et les gouvernements libres. Réunis en un seul homme, en une seule assemblée, soit aristocratique, soit populaire, ils constituent la monarchie absolue, le despotisme de l'ancienne Venise ou de la Convention. Séparés et contre-balancés les uns par les autres, ils constituent un gouvernement libre, qu'on appelle monarchie représentative ou république.

« *Pour qu'on ne puisse abuser du pouvoir*, dit Montesquieu, *il faut que, par la disposition des choses, le pouvoir arrête le pouvoir.* »

LAFERRIÈRE.

« Lorsque dans la même personne ou dans le même corps de magistrature, la puissance législative est réunie à la puissance exécutive, il n'y a point de liberté parce qu'on peut craindre que le même monarque ou le même Sénat ne fasse des lois tyranniques pour les exécuter tyranniquement. »

MONTESQUIEU.

« Le peuple souverain a en lui la plénitude des trois pouvoirs : législatif, exécutif et judiciaire; et chacun de nous, en tant qu'il fait partie du peuple, c'est-à-dire en tant que citoyen, a en lui quelque chose de ce triple pouvoir. Il participe au législatif, puisqu'il est électeur; et par là, il exerce déjà son action sur les deux autres pouvoirs, puisque le législatif leur donne leur investiture et exerce sur eux son contrôle. D'ailleurs le citoyen participe directement au pouvoir exécutif en veillant, pour son compte et celui des autres, au respect, au maintien et à l'application des lois. Enfin son titre de citoyen l'appelle encore à exercer différentes fonctions judiciaires.

Toutefois il est clair que les citoyens ne pourraient pas plus remplir eux-mêmes tous les devoirs et accomplir tous les travaux des deux pouvoirs exécutif et judiciaire, que ceux du pouvoir législatif, pour lequel le peuple est contraint de donner à ses délégués un mandat spécial.

Chacun des pouvoirs, institués ainsi par le peuple en vue d'un objet précis et déterminé, est obligé, en vertu des principes qui dominent l'organisation de l'Etat, de se maintenir strictement sur le terrain et dans le domaine qui lui est assigné. »

GEORGES DUMESNIL.

(Cours d'instruction morale et civique) Delagrave, éditeur.

LA CONSTITUTION DE 1875

Les Chambres. — Le Congrès.

La Constitution de 1875 qui nous régit respecte scrupuleusement le principe de la séparation des pouvoirs.

Elle est comprise dans trois lois. La première (25 février) règle les attributions du Président de la République, de la Chambre des députés et du Sénat. La seconde (24 février) est relative à l'organisation du Sénat. La troisième (16 juillet) règle les rapports des pouvoirs publics entre eux. Le pouvoir législatif est exercé par la Chambre des députés et par le Sénat.

Les députés sont nommés par le suffrage universel direct, comme les conseillers municipaux, les conseillers d'arrondissement et les conseillers généraux. Quand ils sont élus au scrutin d'arrondissement, chaque arrondissement forme une ou plusieurs circonscriptions, suivant la population, et chaque circonscription nomme un seul député. Quand les élections ont lieu au scrutin de liste — la Chambre de 1885-1889 fut élue suivant ce mode électoral — tout le département forme un seul collège électoral, et chaque électeur vote pour autant de candidats

4

qu'il y a de députés dans le département. Le vote a lieu dans chaque commune. Le nombre des députés, que l'on propose de réduire pour assurer une meilleure et plus féconde méthode de travail, est voisin de six cents. Le mandat législatif est de quatre années.

Le nombre des sénateurs est fixé invariablement à trois cents ; ils sont élus au scrutin de liste départemental par un collège électoral qui comprend : 1° les députés et les sénateurs ; 2° les conseillers généraux et d'arrondissement ; 3° les délégués de chaque Conseil municipal en nombre variable, suivant l'importance du Conseil. Les sénateurs sont élus pour neuf ans. Les départements sont divisés en trois séries, de telle sorte que tous les trois ans un tiers des sénateurs est renouvelable.

Sénateurs et députés réunis en Congrès choisissent le chef du pouvoir exécutif, le Président de la République, qui est ainsi l'élu des représentants du suffrage universel, des mandataires de la nation.

**

« Le peuple est la source des pouvoirs sociaux. »
A. DE TOCQUEVILLE.

« Il y a dans l'expression des volontés de tout un peuple une force prodigieuse. »
A. DE TOCQUEVILLE.

« Le peuple participe à la confection des lois par le choix de ses législateurs. »
A. DE TOCQUEVILLE.

« Si la foule n'est pas compétente pour faire la loi, elle l'est pour choisir ses représentants. Chacun de ses membres pris à part peut être un esprit médiocre, une âme faible : elle n'en est pas moins, dans la plupart des cas, le meilleur et le plus juste des juges. L'histoire le montre, et la pratique moderne est d'accord avec l'histoire. Malgré des erreurs qui ne sont que des accidents, c'est la capacité qui sort de l'élection, quand la loi ne gêne pas la manifestation du talent et quand le talent ne fait pas la faute de s'abandonner lui-même. De sorte que le concours de tous à l'élection exclut le privilège, fonde l'égalité et par conséquent la liberté. »

JULES SIMON.

(*La liberté politique*) Hachette et Cie, éditeurs.

« Le suffrage universel a sa racine dans le principe de l'égalité. »

E. SCHERER.

« Le suffrage universel n'est qu'un moyen légal de faire intervenir le peuple dans un gouvernement. »

CH. DE RÉMUSAT.

« Le suffrage restreint est la négation même du principe démocratique. »

VACHEROT.

« Le droit de suffrage peut toujours être successivement étendu, mais il ne peut jamais être légitimement diminué. »

E. DE GIRARDIN.

« Le suffrage universel, c'est l'unité nationale, c'est l'égalité de tous les hommes devant l'urne électorale. »

E. DE GIRARDIN.

« Le suffrage universel est le principe démocratique par excellence. »

PROUDHON.

« Celui qui vote doit faire œuvre d'homme. »

TAINE.

LE POUVOIR LÉGISLATIF

La Chambre et le Sénat.

L'article III de la Déclaration des droits de l'homme et du citoyen est ainsi conçu : « Le principe de toute souveraineté réside essentiellement dans la nation. Nul corps, nul individu ne peut exercer d'autorité qui n'en émane expressément. »

L'article VI de la Déclaration de l'an III complète cette idée et la précise en ces termes : « La loi est la volonté générale exprimée par la majorité des citoyens ou de leurs représentants. »

Enfin, comme il est dit dans l'article XX de la même Déclaration, chaque citoyen a un droit égal de concourir immédiatement ou médiatement à la formation de la loi et à la nomination des représentants du peuple.

Le suffrage universel est donc à la base de tout. La Révolution a déplacé la souveraineté, l'enlevant au roi pour la restituer à la nation, détruisant le pouvoir absolu, inaugurant la liberté politique, c'est-à-dire le régime constitutionnel et représentatif.

Le pouvoir législatif, issu du suffrage, appartient à la Chambre et au Sénat. Ces deux assemblées ont, concurremment avec le Président de la République, l'initiative des lois. Elles votent le budget,

en commençant par celui des dépenses et en finissant
par celui des recettes, car les recettes ne sont légitimes que dans la limite des dépenses votées.

Le texte des projets de loi qui émanent du gouvernement et le texte des propositions de loi qui
émanent de l'initiative des députés ou des sénateurs
sont soumis à l'étude d'une commission qui nomme
un rapporteur chargé de soutenir ses conclusions
devant l'Assemblée. Chaque article est examiné et
discuté à part et peut être modifié par voie d'amen-
dement. Quand les articles sont adoptés, on vote sur
l'ensemble. On procède plus tard à une seconde déli-
bération, sauf dans les cas où l'Assemblée a déclaré
l'urgence. Quand une Assemblée a voté un projet ou
une proposition, arrive le tour de l'autre Assemblée.
Ce n'est que lorsque les deux Chambres sont d'accord sur le texte que la loi est promulguée par le
chef de l'Etat et rendue exécutoire sur tout le territoire. Cet accord des deux Chambres est une
garantie du sérieux des délibérations et des décisions prises dans l'intérêt public.

*
* *

« Le suffrage universel est la négation du droit insur-
rectionnel. »

A. RAMBAUD.

« Il n'y a de liberté que sous la loi, et la loi n'est
souveraine qu'à condition que le pouvoir exécutif soit
distinct du pouvoir législatif.

JULES SIMON.

Les institutions libres sont une garantie non seulement de la sagesse des gouvernements, mais encore de leur durée.

GUIZOT.

Voter est un devoir. M. H. Barboux a dit : « L'opinion de ceux qui se taisent ne compte pas. »

* * *

« Par la division du corps législatif en deux branches, les Américains n'ont pas voulu créer une assemblée héréditaire et l'autre élective ; ils n'ont pas prétendu faire de l'une un corps aristocratique et de l'autre un représentant de la démocratie. Diviser la force législative, ralentir aussi le mouvement des assemblées politiques et créer un tribunal d'appel pour la revision des lois, tels sont les seuls avantages qui résultent de la Constitution des deux Chambres. Le temps et l'expérience ont fait connaître aux Américains que, réduite à ces avantages, la division du pouvoir législatif est encore une nécessité de premier ordre. »

A. DE TOCQUEVILLE.

« C'est par la contradiction se produisant en plein soleil, en pleine lumière, que les gouvernements de démocratie peuvent assurer les véritables progrès sociaux, et l'on ne peut, l'on ne doit fonder la République que sur l'assentiment de la raison collective. »

GAMBETTA.

« L'indissolubilité et le renouvellement partiel du Sénat font de lui le point fixe indispensable pour servir

de contrepoids à la mobilité des autres rouages gouver-
nementaux.

La nécessité de son intervention dans la dissolution
de la Chambre est une garantie contre l'usage abusif
de cette dissolution que pourrait être tenté de faire un
ministère appelé aux affaires pas un acte d'autorité
personnelle du Président de la République ou désireux
de se maintenir au pouvoir malgré un désaccord grave
avec la Chambre. »

G. DE NOUVION.

LE POUVOIR EXÉCUTIF

Le Président de la République, élu pour sept ans par le Congrès des députés et des sénateurs, est le chef du pouvoir exécutif.

C'est lui qui promulgue les lois votées par les deux Chambres et qui ensuite veille à leur exécution.

Il choisit les ministres généralement parmi les membres du Parlement. Il nomme les ambassadeurs et signe les traités avec les nations étrangères.

Sauf ce qui concerne l'exercice du droit de grâce, tous les actes du Président de la République doivent être ratifiés par les Chambres.

En cas de très grave désaccord entre les deux Chambres ou de trouble politique nuisible au pays, le Président de la République peut demander au Sénat de prononcer la dissolution de la Chambre. Dans ce cas, il est procédé à de nouvelles élections législatives.

Le Sénat, qui peut dissoudre la Chambre sur la demande du Président de la République, peut juger le Président de la République ou les ministres en cas de violation de la Constitution ou de haute trahison.

Le Président de la République préside le Conseil des ministres qui sont chargés, chacun dans une branche différente, de l'administration générale du pays.

Le Président de la République, simple citoyen élevé par ses talents, ses vertus, ses mérites à la première magistrature de l'Etat a droit au profond respect de tous les bons Français. Il représente la nation française aux yeux du monde entier.

**

« Quelle constitution les hommes de 89 jugèrent-ils convenable d'établir?

« Ils adoptèrent la forme monarchique, mais quelle serait l'étendue du pouvoir royal? Là se présentait la question fondamentale du nouveau régime. Elle fut résolue par l'adoption de cette règle suprême qu'on appelle la séparation des deux pouvoirs, législatif et exécutif. Le pouvoir législatif restait à la nation souveraine qui l'exerçait pas des représentants élus par elle et réunis en assemblée délibérante; le pouvoir exécutif était remis aux mains du prince.

« La règle ainsi posée était simple, mais l'application n'était pas sans difficulté, car il s'agissait de déterminer les rapports des deux pouvoirs entre eux et par conséquent de [tracer les limites précises de chacun des deux pouvoirs. Il fallait prémunir chacun d'eux contre les empiétements et l'oppression de l'autre. Difficulté vraiment ardue, s'il faut en juger par les nombreux essais auxquels elle a donné lieu depuis près d'un siècle ! »

E. GARET.

« L'habileté du Président de la République consiste à bien choisir les ministres. »

J. SIMON.

« Les monarchies aboutissent toutes à l'exercice de
la volonté d'un seul substituée à la volonté de la majorité, et à une politique dirigée dans un intérêt de famille, de caste et de privilège, au détriment des intérêts
du plus grand nombre, au détriment de la liberté politique et de l'égalité sociale. »   GAMBETTA.

« Si vous voulez que les affaires de votre pays soient
bien gérées, il est d'une urgente nécessité que les déter-
minations des gouvernants, que les lois votées par les
assemblées, que les actes du pouvoir exécutif soient en
parfait accord avec les vues, les besoins, les désirs et
les vœux de l'opinion. C'est de leur coopération, de leur
harmonie que naîtra la paix publique, c'est par leur
union que pourra s'assurer le développement matériel
et moral de notre pays. »

                              DELUNS-MONTAUD.

« Remarquez d'abord que les pouvoirs du Président de
la République ont une bonne origine. Ces pouvoirs, n'é-
manant plus du suffrage universel et direct de toute la
nation, on ne s'avisera plus de poser le premier magistrat, le gardien et le serviteur de la loi, comme supérieur ou antérieur aux représentants du pays qui font
la loi....

Electif, à temps, obligé à enregistrer les volontés des
Assemblées et à promulguer les lois qu'elles feront,
responsable devant elles s'il portait atteinte aux droits
fondamentaux du pays, il est un président, il n'est ni un
monarque en expectative, ni un prince qui s'apprête à
revêtir la pourpre césarienne. Sa situation, quoique
modeste, reste assez haute pour que l'autorité entre ses
mains soit digne de la France qu'il représente et de la
loi qu'il est chargé de faire exécuter. »

                              GAMBETTA.

(*Discours*) Fasquelle, éditeur.

« S'il est un fait saillant dans l'histoire de la France contemporaine, c'est que la plupart des régimes qui se sont succédés depuis la Révolution ont péri par l'abus du pouvoir personnel, et qu'à chacune des crises si fréquentes qui se sont produites, la nation a toujours eu l'illusion qu'il lui suffirait d'affirmer sa souveraineté pour que les affaires publiques marchassent à souhait : ainsi de Charles X et de Louis-Philippe, ainsi surtout des deux empires. »

André Lebon.

LE MINISTÈRE — LE CONSEIL D'ÉTAT

Le Président de la République ayant chargé de former un ministère un homme politique de son choix, celui-ci choisit à son tour ses collaborateurs aux différents « portefeuilles. » Le chef du ministère ou du cabinet prend le titre de président du Conseil.

Le nombre des ministres est variable. Dans ces dernières années, il fut généralement de douze, avec un ou plusieurs sous-secrétaires d'Etat pour les « départements ministériels » les plus importants.

Chargés de l'administration générale du pays et chefs des grands services de l'Etat, les ministres sont responsables devant les Chambres. Les membres de l'une et de l'autre assemblée exercent leur droit de contrôle par voie de question et d'interpellation. La discussion d'une interpellation se termine par un vote de confiance ou de défiance. Dans ce dernier cas, le cabinet mis en minorité est démissionnaire.

Dans des circonstances tout à fait graves, les ministres peuvent être mis en accusation par le Sénat transformé en Haute Cour.

Les projets de loi présentés par les ministres ont souvent été préparés par une assemblée de juristes qui joue, sous le régime issu de la Révolution, un rôle très important : le Conseil d'Etat.

Le Conseil d'Etat, dont les membres sont nommés par décret, se divise en cinq sections. C'est la section de législation qui étudie et prépare les projets de loi qui émanent de l'initiative du gouvernement. Les légistes exercés de cette assemblée apportent à ce travail préparatoire un ordre, une méthode et une science qui rendent plus claire et plus aisée la discussion des projets devant la Chambre et le Sénat.

Le Conseil d'Etat, collaborateur discret du pouvoir exécutif, prépare également les règlements d'administration publique qui ont pour but de régler les détails d'application des lois.

*
* *

« Les ministres ne font le mal que lorsque les députés leur permettent de le faire. »

BENJAMIN CONSTANT.

« Le grand ministre est celui qui résume dans sa pensée toutes les saines idées de son époque. »

E. DE GIRARDIN.

« La Constitution de 1875, comme toutes les constitutions parlementaires, a voulu que les désaccords, toujours à prévoir entre le pouvoir législatif et le pouvoir exécutif puissent se résoudre autrement que par la violence ou par l'humiliation. Aussi contient-elle deux petites dispositions qui ont une grande importance. L'une est le paragraphe final de l'article qui énumère tous les droits et tous les pouvoirs du Président de la République. Il est ainsi conçu : « Chacun des actes du Président de la République doit être contresigné par un ministre. » L'autre est l'art. 6 de la loi constitutionnelle du 25 février 1875 : « Les ministres sont solidairement responsables devant les Chambres de la politique générale du Gouvernement et individuellement de leurs actes personnels. Le Président de la République n'est responsable que dans le cas de haute trahison. »

Ce sont ces deux dispositions qui dominent tout notre régime constitutionnel : responsabilité ministérielle ; irresponsabilité du Président de la République, voilà la clef de voûte de tout l'édifice. »

G. DE NOUVION.

« Beaucoup de projets de loi, avant d'être déposés sur le bureau des Chambres, ont été préparés par le Conseil d'Etat et il arrive que les Chambres elles-mêmes lui renvoient avant le vote définitif, pour les mettre en harmonie avec la législation existante, certains projets d'une nature délicate et d'un caractère technique. Mais cette intervention n'est pas obligatoire et surtout, quand le Conseil d'Etat a donné son avis, le Parlement reste libre d'en tenir compte s'il veut. »

G. DE NOUVION.

« Sous l'Empire, toutes les forces législatives de l'Etat s'étaient peu à peu concentrées dans le sein du Conseil d'Etat. Un Sénat sans indépendance, un Corps législatif réduit au silence, des lois acceptées ou rejetées dans leur entier, ou plutôt acceptées toujours, tel était notre droit public. Cependant sous le rapport de la législation, cette époque d'asservissement fut peut-être une des plus glorieuses. Les discussions de nos codes sont de véritables monuments de science....

De Golbéry.

« Le Conseil d'Etat était le siège du gouvernement et l'âme de l'Empereur. »

De Cormenin.

« Les attributions du Conseil d'Etat ont varié, selon les régimes, en importance et en autorité, et, selon que ce corps administratif a suivi telle ou telle phase de suprématie ou d'effacement, on a vu augmenter ou diminuer d'autant, ce qui était naturel, la responsabilité du pouvoir ministériel. Mais, en tout cas, le Conseil d'Etat a été une des meilleures créations du régime moderne, car il a toujours rempli, vis-à-vis de tous les gouvernements et avec les meilleurs résultats, un rôle fondamental de collaboration, de contrôle, d'interprétation législative et de haute justice pour les affaires contentieuses de l'Etat. »

E. Garet.

LES MINISTRES

Les divers départements ministériels sont : l'intérieur et les cultes, l'instruction publique et les beaux-arts, les affaires étrangères, la guerre, la marine, les finances, la justice, les travaux publics et postes et télégraphes, le commerce et l'industrie, l'agriculture, le travail, les colonies.

Le ministre de l'intérieur dirige l'administration des départements et a sous ses ordres : préfet, sous-préfets et maires. Il s'occupe aussi de l'assistance et de l'hygiène. Celui de l'instruction publique s'occupe de tout ce qui touche à l'enseignement supérieur, secondaire et primaire, des musées, des théâtres; le ministre des affaires étrangères est chargé de nos relations avec les autres pays; les ministres de la guerre et de la marine sont chargés de la défense nationale sur terre et sur mer; le ministre des finances tient la comptabilité de l'Etat, prépare le budget et perçoit les impôts directs et indirects; le ministre de la justice ou garde des sceaux est le chef du personnel judiciaire; le ministre des travaux publics s'occupe des voies de communication, des mines et des grands travaux; le ministre du commerce et de l'industrie, celui de l'agriculture et celui du travail ont pour mission de sauvegarder les intérêts du commerce, de l'industrie, de l'agriculture et des travailleurs de

5

tout ordre. Le ministère des colonies s'occupe des intérêts de nos possessions et protectorats.

Le nombre des ministères n'est pas fixé par la Constitution. Il varie suivant les circonstances, et il arrive que telle administration, comme celle des cultes ou celle des postes et télégraphes est rattachée tantôt à un ministère, tantôt à un autre. Tel sous-secrétariat peut être érigé en ministère : cela est arrivé notamment pour les postes et les télégraphes.

Les actes d'autorité faits par les ministres portent, comme ceux des préfets, le nom d'arrêtés.

Les ministres adressent à leurs subordonnés des « instructions » et des « circulaires. »

Les actes du Président de la République, toujours contresignés par un ministre, portent le nom de décrets.

⁎

« Le ministre de l'intérieur apparaît comme le bras droit du pouvoir exécutif, le représentant le plus actif du gouvernement, celui qui exprime le plus fidèlement les idées qui dominent à un moment donné dans la direction de l'Etat. »

L. MABILLEAU.

« Ce qui me plaît particulièrement dans la constitution, c'est que tout y est disposé de façon à permettre la libre manifestation de la volonté nationale et à assurer l'exercice de cette volonté. Rien ne se fera sous la République qui soit contraire aux vœux de la majorité.... Ce sont les ministres qui nomment tous les fonctionnaires, tous les magistrats, mais les ministres eux-mêmes n'occupent le pouvoir que parce que les

Chambres le veulent bien, et les Chambres sont la fidèle représentation du pays. »

G. Compayré.

***

« Par son histoire comme par sa structure, le nouvel édifice diffère de tous les autres. En moins de dix ans il sort de terre, se dresse et s'achève d'après un plan qui, dès le premier jour, est définitif et complet. C'est un corps de logis unique, monumental, énorme où tous les services sont rassemblés sous le même toit : outre les services généraux et nationaux qui appartiennent à la puissance publique, on y trouve aussi les autres, locaux et spéciaux, qui ne lui appartiennent pas, cultes, éducation, bienfaisance, beaux-arts, littérature, affaires départementales et communales, chacun d'eux installé dans un département distinct. Tous les compartiments sont disposés et distribués de même ; ils font cercle autour du magnifique appartement central, et chacun d'eux y aboutit par une sonnette : sitôt que la sonnette tinte, le coup retentit de division en subdivision et, à l'instant, depuis les premiers chefs jusqu'aux derniers employés, tout le service entre en branle : à cet égard, pour la rapidité, la coordination, l'exactitude et la commodité de travail, l'aménagement est admirable.

L'édifice où désormais les Français se meuvent est régulier de fond en comble.

Pour la première fois dans l'histoire moderne, voici une société construite par la raison et pourtant solide : à ces deux titres la France nouvelle est le chef-d'œuvre de l'esprit classique. »

Taine.

(*L'ancien régime*) Hachette et Cⁱᵉ, éditeurs.

***

« Rien dans la Constitution n'exige que les ministres soient pris dans le Parlement. La plupart du temps, les ministres de la guerre et de la marine sont des généraux et des amiraux en activité et qui sont même inéligibles. De même, nous avons eu à plusieurs reprises des ministres des affaires étrangères qui n'étaient pas membres du Parlement. Il n'est donc pas utile de réclamer bien haut une chose qui peut se faire. Elle ne se fait pas en général parce que, sauf pour les ministres de la guerre et de la marine et à cause même de l'inéligibilité des officiers, les ministres pris en dehors du Parlement sont dans une sorte d'infériorité à l'égard des assemblées devant lesquelles ils ont à s'expliquer. Ils se considèrent beaucoup plutôt comme des commissaires du gouvernement que comme de véritables ministres, et la charge de soutenir les discussions pèse beaucoup plus lourdement sur le président du Conseil que lorsque ses collaborateurs sont pris dans les Chambres. »

G. DE NOUVION.

LE POUVOIR JUDICIAIRE

Le pouvoir législatif fait les lois; le pouvoir exécutif veille à leur exécution; le pouvoir judiciaire veille à leur application dans les dissentiments des citoyens entre eux et punit les infractions à ces lois.

La séparation des pouvoirs ayant été ainsi établie, la Révolution s'est efforcée de mettre dans la législation cette unité qu'elle imposa partout aux anciennes provinces. Le droit était jusqu'en 1789 un inextricable mélange de lois romaines, de coutumes germaniques et féodales, d'usages locaux.

Les Codes effectuèrent cet immense et bienfaisant travail d'unité. Ils mirent aussi plus d'humanité et de douceur dans la répression des fautes.

Les magistrats n'achètent plus leur charge, comme sous l'ancien régime. Ils sont nommés par le Président de la République sur la présentation du ministre de la justice.

Il y a des magistrats assis. Ce sont ceux qui jugent. Leur indépendance vis-à-vis des pouvoirs publics et des justiciables puissants est garantie par leur inamovibilité.

Il y a des magistrats debout. Ce sont les membres du Parquet. Ils sont chargés de requérir, dans les conflits entre particuliers et en cas d'infraction, crime, délit ou contravention, l'application de la loi.

Il y a dans les tribunaux une hiérarchie harmonieuse qui remplace la confusion et les discordances de l'ancien régime. Les tribunaux en remontant de bas en haut de l'échelle des juridictions sont : les justices de paix, les tribunaux de première instance, les cours d'appel, la cour d'assises et la cour de cassation.

***

« Le Code est la charte indispensable de nos droits civils. »

MIGNET.

« La justice est la première vertu de celui qui commande, et la seule qui arrête la plainte de celui qui obéit. »

DIDEROT.

« Il n'y a point de liberté, si la puissance de juger n'est pas séparée de la puissance législative et de l'exécutrice. Si elle était jointe à la puissance législative, le pouvoir sur la vie et la liberté des citoyens serait arbitraire ; car le juge serait législateur. »

MONTESQUIEU.

« Il y a deux éléments à distinguer dans le pouvoir exécutif : le pouvoir administratif proprement dit et le pouvoir judiciaire ; le premier embrassant dans sa sphère d'action tout ce qui a trait à l'intérêt public, le second tout ce qui a trait aux intérêts privés.

« Le pouvoir administratif proprement dit agit en vue de l'utilité commune, prévoit les nécessités publiques et prend toutes les mesures qui intéressent l'universalité des citoyens.

« Le pouvoir judiciaire protège les intérêts privés et statue sur tout ce qui lèse les individus. Mais la société n'est intéressée dans son action que d'une manière secondaire, car il n'y a pour elle, dans la protection de l'individu et des intérêts individuels, qu'une question d'ordre public. »

E. GARET.

« Rien au monde ne fait plus d'honneur aux Français que d'avoir été capables de donner froidement, de impassiblement, leur Code civil au milieu du délire 1793.... Il n'est aucun peuple qui ait fait paraître cette puissance de raison civile dans l'extrême danger de mort. »

EDG. QUINET.

« Le Code, en ce qui regarde   dées générales, ne pouvait que perdre à être remanié sous la direction du Premier Consul. Toutefois les hommes qui donnèrent au Code sa forme définitive étaient trop imbus de l'esprit moderne pour retourner aux traditions d'avant 89....

« Malgré ses insuffisances et ses défauts, le Code civil français n'en est pas moins, pris dans son ensemble, la réalisation des vœux du xviiie siècle et des principes de 89. Il est un monument de la Révolution française que la réaction de Brumaire a été obligée d'achever et de consacrer. »

H. MARTIN.

(*Histoire de France*) Boivin et Cie, éditeurs.

« Non seulement le pouvoir judiciaire applique la peine aux coupables et décide entre les parties dans les contestations civiles, mais quand l'Etat, comme *personne*, a un intérêt à défendre, c'est le pouvoir judiciaire qui décide entre des particuliers et l'Etat, et quand les particuliers sont blessés par l'Etat ou les agents de l'Etat, dans leurs intérêts privés ou publics, c'est encore le pouvoir judiciaire qui déclare si le serviteur de la loi l'a violée ou dépassée. Ce serait en vérité une étrange forme d'anarchie, et la plus déplorable, parce qu'elle serait hypocrite, qu'une loi juste, faite par le peuple, fût violée par les administrateurs, et les administrateurs absous par les juges. »

JULES SIMON.

(*La liberté politique*) Hachette et Cⁱᵉ, éditeurs.

L'ORGANISATION JUDICIAIRE
LA JUSTICE DE PAIX — LE TRIBUNAL
DE PREMIÈRE INSTANCE

La division judiciaire de la France a été calquée par la loi de 1790 sur la division administrative.

Il y a au canton un juge de paix, un tribunal par arrondissement, une Cour d'assises par département. Enfin la Cour d'appel embrasse dans son ressort non pas une ancienne province mais plusieurs départements.

Comme la justice s'occupe de questions d'intérêt privé d'une part, et, d'autre part, de la répression des infractions à la loi, chaque juridiction est simultanément — au canton, à l'arrondissement, au siège de la cour d'appel — tantôt civile, tantôt criminelle.

Le juge de paix connaît des affaires les moins importantes et juge les simples contraventions à la loi.

Le juge de paix siège seul, alors que, dans les autres juridictions, le juge président est entouré d'assesseurs.

La fonction essentielle du juge de paix est d'être un conciliateur. Il doit s'efforcer de mettre d'accord les parties, c'est-à-dire les plaideurs. C'est une justice familière qui vide, à peu de frais, les petits litiges.

Le juge de paix rend la justice criminelle sous le nom de simple police. Il juge les contraventions, c'est-à-dire les délits peu importants, les violations aux règlements administratifs et ne prononce que des peines légères (15 francs d'amende au plus et cinq jours de prison).

Le tribunal d'arrondissement, ou tribunal de première instance, se compose de trois juges. On porte devant lui toutes les contestations assez importantes pour échapper à la juridiction du juge unique, du juge de paix.

Le même tribunal, sous le nom de tribunal correctionnel, juge les délits qui sont passibles d'une peine qui varie entre six jours et cinq ans de prison.

Le ministère public, qui est chargé de requérir l'application de la loi, est devant le juge de paix le commissaire de police ou le maire, et devant le tribunal de première instance le procureur de la République ou son substitut.

Les plaideurs ou les prévenus sont assistés d'avocats et d'avoués chargés de soutenir leurs intérêts.

* * *

« Jusqu'en 1789, il n'y avait pas de tribunal rapproché du paysan, où il pût chercher non seulement des décisions, mais des avis paternels. Il n'y avait que ces basses justices du régime féodal, ces « justices sous l'orme » que Loyseau appelait des « mangeries de village parce que les frais y sont plus grands qu'aux amples justices des villes et que la justice y est longue et de grand coût. »

« En 1789, tous les bons esprits étaient d'accord, non seulement sur la nécessité de supprimer ces mangeries de village, mais encore sur le besoin d'établir une juridiction nouvelle, au moyen de laquelle il fût aisé de prévenir les procès ruineux et de procurer au pauvre habitant des campagnes une justice commode et à bon marché pour les petites contestations qui naissent du voisinage et du choc des petits intérêts et des petites passions.

« De là l'idée d'établir ces juges rapprochés des parties, vivant au milieu d'elles, comme elles, instruits de leurs habitudes, de leurs mœurs, de leurs besoins et de leurs intérêts; tantôt conseils, tantôt juges et libres ou à peu près des entraves judiciaires. Ce furent les juges de paix dont les attributions ont amené, de nos jours, ce résultat si important d'une diminution considérable des procès par l'accroissement incessant des conciliations; institution bienfaisante qui a peut être dépassé les espérances de ses fondateurs. »

E. GARET.

« Nul n'est censé ignorer la loi. »

(*Adage de droit.*)

« La justice de paix est la justice du peuple. »

VACHEROT.

« Ce qui domine, dans l'ordre judiciaire, c'est ce bel édifice nouveau, inconnu à tous les siècles, les cinq mille arbitres ou juges de paix. »

MICHELET.

« Chacun est libre de former action devant la justice dont l'accès est ouvert à tous ;

« Chacun est assuré de pouvoir défendre ou faire défendre sa cause ;

« Chaque partie doit communiquer à l'autre ou aux autres tout ce qui est soumis au juge ;

« Tout procès doit être jugé publiquement et au moyen de débats oraux ;

« Le juge est obligé de prononcer le jugement dès que l'affaire est instruite, de le prononcer en public et de le motiver ;

« Les jugements sont conservés dans des greffes publics ; les jugements, une fois prononcés, ne peuvent subir des modifications. »

(*Procédure.*)

L'APPEL — LA COUR D'APPEL — LA COUR D'ASSISES — LA COUR DE CASSATION

Pour les affaires les moins importantes de leur juridiction, les juges de paix et les tribunaux civils jugent en dernier ressort; pour les affaires plus importantes, ils ne jugent qu'en premier ressort, c'est-à-dire que les parties peuvent faire appel de leurs décisions.

L'appel des décisions du juge de paix se fait devant le tribunal de première instance; l'appel des décisions du tribunal de première instance se fait devant la Cour d'appel. Les arrêts de la Cour sont définitifs. Il y a en France vingt-sept Cours d'appel. Chaque Cour d'appel comprend une chambre civile, une chambre des appels correctionnels et une chambre des mises en accusation qui examine les charges qui pèsent sur les inculpés et les renvoie soit devant le tribunal de simple police, s'il s'agit d'une simple contravention, soit devant le tribunal correctionnel, s'il s'agit d'un délit, soit devant la Cour d'assises, s'il s'agit d'un crime.

Le juge de simple police, les juges du tribunal correctionnel prononcent leurs décisions sans le concours du jury. Les magistrats de la Cour d'assises — membres de la Cour d'appel avec un ou deux juges de première instance — sont assistés de douze citoyens tirés au sort sur la liste des jurés. Ce sont eux qui, après les débats, déclarent si, oui ou non, l'accusé est coupable.

Au sommet de la hiérarchie judiciaire, la Révolution a placé une Cour suprême qui porte le nom de Cour de cassation. Elle ne juge pas les affaires au fond; elle examine seulement si les formes de la justice ont été respectées. Pour la moindre irrégularité, elle casse le jugement ou l'arrêt et renvoie la cause devant de nouveaux magistrats. Les justiciables ont ainsi une garantie que la loi leur sera appliquée suivant les vrais principes et de la même façon, quels que soient leur rang, le département qu'ils habitent et les intérêts engagés.

*

« Des voies de recours sont assurées au plaideur s'il croit à l'erreur ou à l'illégalité de la sentence contre lui rendue. »

(*Procédure.*)

« La Révolution effaça cet abus de l'ancienne organisation qui admettait des degrés de juridiction multiples, abus qui, en remettant sans cesse en question les décisions judiciaires, n'avait pour résultat certain que de ruiner les plaideurs, d'entraîner des pertes de temps considérables, d'entraver les transactions par la crainte des procès, d'empêcher par la longueur et l'obscurité des procédures le triomphe du droit. Il n'y eut plus devant la justice française que deux degrés de juridiction : première instance, appel. Les tribunaux civils jugèrent en appel les décisions des juridictions inférieures qui en étaient susceptibles, et les cours statuèrent sur les décisions, également susceptibles d'appel, provenant des tribunaux civil ou de commerce. De même, en matière de simple police ou en matière correctionnelle, les tribunaux et les cours statuèrent sur les décisions sujettes à appel. »

E. GARET.

« Toute chose dans l'état social aboutit à des jugements. L'intervention des citoyens dans les jugements est donc la garantie véritable, définitive de la liberté. »

ROYER-COLLARD.

« Dans tout Etat constitutionnel, sagement réglé, l'institution du jury est le complément des lois fondamentales et la garantie de toutes les libertés. »

BÉRENGER.

Depuis la Révolution, les peines de toutes natures furent graduées, et aussi bien que possible proportionnées aux délits. L'atrocité des supplices, la mutilation, la marque furent abolies. Les peines perpétuelles et la peine de mort furent réservées au châtiment des crimes exceptionnels.

« Les jurés ne sont juges que du fait. »

(Procédure.)

« Pour mettre obstacle à la formation des jurisprudences locales, qui ne seraient que la résurrection des anciennes coutumes particulières, la Constituante décréta la création d'une cour suprême chargée de détruire les tendances fédératives en matière judiciaire, de ramener l'ensemble des tribunaux à une interprétation uniforme et à une application exacte de la loi, d'imprimer ainsi une même direction à tous les corps de justice, et de faire en un mot qu'il n'y eût qu'une seule jurisprudence comme il n'y avait qu'une seule loi pour toute la France. Mais la Cour de cassation ne forme pas, comme on serait tenté de le croire, un troisième degré de juridiction. Elle ne juge pas les parties ni leurs procès; elle ne juge que les jugements qui lui sont déférés. Elle juge si ces jugements ont été rendus suivant les vrais principes et conformément aux textes sainement appliqués. Elle casse, si la loi a été violée dans son texte ou son esprit; elle maintient, s'il n'y a pas eu fausse application ou fausse interprétation de la loi. C'est la cour régulatrice du mouvement judiciaire. »

E. GARET.

« Le recours en cassation est bien moins un nouveau procès entre les parties qu'entre l'arrêt et la loi. »

H. DE PANSEY.

TRIBUNAUX SPÉCIAUX ET TRIBUNAUX ADMINISTRATIFS

A côté de cette hiérarchie harmonieuse de tribunaux civils et criminels qui monte de la justice de paix à la Cour de cassation, il y a d'autres tribunaux chargés d'affaires spéciales.

Nous avons déjà parlé du Sénat qui peut, dans des cas exceptionnels, être constitué en Haute Cour de justice pour juger le Président de la République, les ministres mis en accusation et les attentats politiques contre la sûreté de l'Etat.

Dans les villes où les négociations commerciales sont assez importantes, il existe un tribunal de commerce dont les juges sont élus par les commerçants. Il juge, à la place du tribunal de première instance, les contestations entre commerçants. Il juge aussi les appels des jugements des conseils de prud'hommes chargés de régler les difficultés qui surgissent dans les villes industrielles, entre les patrons et les ouvriers.

Le Conseil de guerre connaît des contraventions, délits et crimes commis par les soldats et les marins.

Il existe aussi des tribunaux administratifs. Nous avons déjà parlé du Conseil de préfecture et du Conseil d'Etat.

6

Le Conseil de préfecture juge les réclamations en matière de contributions et les contestations provoquées par l'exécution des travaux publics ; il statue également sur les réclamations en matière d'élection. Le tribunal d'appel du Conseil de préfecture est, suivant les cas, le Conseil d'Etat ou la Cour des comptes.

Le Conseil d'Etat est donc ainsi un tribunal en même tant qu'il prépare et rédige les projets de loi que lui confie le gouvernement. Il examine les pourvois contre les décisions du Conseil de préfecture, et contre les actes des agents du pouvoir exécutif, ministres, préfets, sous-préfets et maires. Il juge les contestations relatives à l'élection des Conseils généraux.

La Cour des comptes examine la gestion des agents de l'administration financière, trésoriers-payeurs généraux, percepteurs, receveurs, etc.

En outre, quand il y a contestation sur le point de savoir si une affaire doit être portée devant la juridiction civile ou devant la juridiction administrative, la juridiction compétente est désignée par un haut tribunal qui porte le nom de tribunal des conflits et qui, sous la présidence du ministre de la justice, est composé d'autant de conseillers d'Etat que de conseillers à la Cour de cassation.

* * *

« Par suite du développement de la richesse mobilière, la compétence des tribunaux de commerce embrasse la plus grande partie de la fortune du pays. Ces juges élus décident avec un profond respect de la justice, avec une entente parfaite des intérêts généraux du commerce et dans un esprit évident de conciliation. »

JULES SIMON.

« Les justiciables élisant un juge sont dans la position des parties élisant un commun arbitre. »

J. SIMON.

« Remettre le contentieux de l'administration à un conseil de préfecture a paru nécessaire pour ménager au préfet le temps que demande l'administration ; pour garantir aux personnes qu'elles ne seront pas jugées sur des rapports et avis des bureaux ; pour donner tout à la fois à l'intérêt particulier et à l'intérêt public la sûreté qu'on ne peut guère attendre d'un jugement porté par un seul homme, car cet administrateur, qui balance avec impartialité les intérêts collectifs, peut se trouver passionné et prévenu quand il s'agit de l'intérêt d'un particulier.

« Sous le régime qui a précédé la Révolution, une grande partie du contentieux de l'administration était portée devant les tribunaux, qui s'étaient fait un esprit contraire à l'intérêt du Trésor public. Leur partialité détermina la Constituante à réunir le contentieux de l'administration à l'administration elle-même. »

RŒDERER.

« Tous les procès dans lesquels un intérêt public est mêlé, ou qui naissent de l'interprétation d'un acte administratif, ne sont point du ressort des juges ordinaires dont le seul rôle est de prononcer entre les intérêts particuliers. »

A. DE TOCQUEVILLE.

« L'institution du tribunal des conflits a donné à la jurisprudence administrative, sur la plupart des questions de compétence controversées entre la cour de cassation et le Conseil d'Etat, une sanction d'autant plus considérable qu'elle émanait d'un corps dans lequel l'esprit judiciaire exerçait, par l'autorité de ses représentants, une influence égale à celle de l'esprit administratif, qui n'y était pas moins heureusement représenté. »

REVERCHON.

L'ECOLE DES FUTURS CITOYENS

La République étant le gouvernement de tous par tous et la souveraineté nationale étant la base du gouvernement démocratique des Français, il importe que tous les électeurs qui concourent directement à la conduite des affaires du pays soient instruits sur leurs droits, leurs devoirs, la conséquence de leur conduite et de leur vote. C'est pourquoi le gouvernement républicain a prescrit l'obligation pour tous d'un minimum de savoir.

Une République prospère à mesure que ses enfants sont plus réfléchis, plus conscients de leurs actes et plus instruits.

La République a proclamé que l'instruction primaire était obligatoire pour tous les enfants. La conséquence de cette obligation, c'est la gratuité de l'enseignement.

Comme la République est un gouvernement de liberté, comme elle doit respecter les croyances de chacun, comme elle enseigne à ses enfants la vertu de la tolérance, elle a proclamé que l'enseignement gratuit et obligatoire de l'école primaire serait aussi un enseignement neutre, laïque, dégagé de toute préoccupation religieuse ou philosophique.

Au-dessus de l'enseignement primaire, existent l'enseignement secondaire des collèges et des lycées et l'enseignement supérieur des Universités. Grâce à des bourses créées par les villes et l'Etat, les plus méritants des écoles primaires peuvent participer à cet enseignement, arriver aux plus hauts titres et aux premiers emplois de la République.

Mais c'est l'école primaire qui est la grande base de l'édifice. C'est elle, ce sont ses maîtres dévoués que nous devons entourer de nos soins affectueux et sympathiques

Elle est l'école du civisme et du patriotisme. C'est d'elle que dépendent les destinées de la France et de la République.

Paul Bert disait que l'on avait eu raison de donner aux instituteurs ce nom, car leur véritable fonction est d'instituer des citoyens.

***

« Le despotisme est impossible si la nation est éclairée. »

QUESNAY.

« Donnez-moi l'instruction pendant un siècle et je changerai le monde. »

LEIBNITZ.

« Un peuple ignorant ne peut être libre. »

LAKANAL.

« Ceux qui veulent que le peuple ne sache ni lire ni écrire se sont fait un patrimoine de son ignorance. »

MIRABEAU.

« Reconstituons la nature humaine en lui donnant une nouvelle trempe! Il faut que l'éducation publique s'empare de la génération qui nait. »
(28 janvier 1794.)   GRÉGOIRE.

« Toutes les fois qu'on néglige une intelligence, on vole le pays peut-être d'un trésor. »
                                                     GAMBETTA.

« Le premier but de l'instruction nationale doit être d'établir entre les citoyens une égalité de fait et de rendre réelle l'égalité politique reconnue par la loi. Sous ce point de vue, elle est, pour la puissance publique, un devoir de justice. »
                                                     CONDORCET.

« Le gouvernement veut que l'école, telle que la République l'a faite, soit et reste dans nos villes et dans nos campagnes le foyer de lumières où viennent s'instruire des premières notions des choses et du savoir, les générations qui arrivent, où se forment, au début même de la vie, les consciences, les caractères et les cœurs. »
                                                     FALLIÈRES.

« L'instruction donne à l'homme de la dignité. »
                                                     DIDEROT.

« Qui fréquente les livres devient meilleur. »
                                                     GUYAU.

« Il y a un certain nombre de gens qui sont persuadés qu'on attente à la liberté du père de famille quand on le contraint à faire apprendre à lire à ses enfants. Les mêmes gens le contraignent sans remords à les nourrir, à les vêtir; aucune de ces prescriptions n'est, suivant eux, attentoire à la liberté ; mais pour l'instruction, c'est différent : le père de famille doit être absolument libre. Si cela lui convient, il instruira son fils, et si cela ne lui convient pas, il le laissera croupir dans l'ignorance. Un père qui maltraite son fils, qui compromet sa santé, est un criminel, on le traîne devant les tribunaux. S'il se borne à l'empêcher d'étudier, s'il ne maltraite que son esprit, il est dans son droit, il use de la liberté du père de famille. Nous pensons que ce père ferait moins de mal à son fils s'il lui cassait un bras ou une jambe, et c'est aussi la pensée de toute l'Europe. »

J. SIMON.

(*La liberté politique*) Hachette et Cie, éditeurs.

« Pourquoi l'enseignement moral doit-il être dégagé de toute attache confessionnelle? Parce qu'à la différence des systèmes religieux et métaphysiques qui varient à l'infini, l'enseignement moral est d'une merveilleuse unité; il n'y a qu'une morale. La morale est une dans sa loi et ses préceptes; l'enseignement de la morale doit donc cesser d'être confessionnel pour devenir séculier et laïque. »

JULES FERRY.

« L'Etat ne peut avoir aucune compétence ni aucune action sur les dogmes, ni sur les doctrines philosophiques. Il faut qu'il ignore ces choses, ou bien il devient arbitraire, persécuteur, intolérant, et il ne peut pas, il n'a pas le droit de le devenir. »

GAMBETTA.

« Le jour où l'instruction, pénétrant au delà des couches superficielles, circulera partout comme une lumière puissante, le gouvernement démocratique en sera singulièrement facilité. Car les lois qui régissent l'existence et le mouvement des sociétés devenant aussi familières aux esprits que les lois de l'ordre physique lui-même, leur méconnaissance n'exposera plus à de graves erreurs de législation. »

ANTONIN DUBOST.

« L'esprit laïque est fait de prédilection pour toutes les constatations positives, de sympathie pour toutes les nuances de la pensée et du sentiment, de tolérance pour toutes les convictions sincères. Méthode de recherche, il exige une absolue probité intellectuelle, il examine, sans aucun parti pris, les faits tels qu'ils sont; il les retrace comme il les voit. Méthode de vie, il s'efforce d'extraire de toutes les traditions la part de vérité qu'elles peuvent contenir; il tire de toutes les expériences une leçon de sagesse et de bonté. »

MAURICE FAURE.

DES DEVOIRS DU CITOYEN. — L'IMPOT EST UN DEVOIR

Aller à l'école est pour le futur citoyen de la République un devoir absolu et que la loi sanctionne. C'est à l'école que l'enfant doit apprendre toutes les vertus du futur citoyen.

Il apprend à l'école que la prospérité commune, sous le régime de la souveraineté nationale, dépend de la volonté, du choix, du vote de chacun.

Il apprend à l'école à respecter l'opinion d'autrui comme on respecte son bien, et à pratiquer la tolérance ; il apprend que c'est par la raison et non par la violence que nous devons nous efforcer de convaincre autrui.

Il apprend à l'école qu'il faut user de son droit avec discernement et modération sans jamais porter atteinte au droit et à la liberté des autres.

Il apprend enfin à l'école que les hommes libres et égaux d'une même Patrie doivent se considérer comme les enfants d'une même famille et pratiquer les uns vis-à-vis des autres, et surtout vis-à-vis des plus humbles et des plus malheureux, la bienveillance, le dévouement, la fraternité.

Tous nous sommes soumis aux règles de la solidarité et du devoir social. C'est pour nous enseigner, avec les connaissances usuelles, tous ces devoirs, que l'instruction est obligatoire, et que le premier devoir est le devoir d'école.

Jules Simon a dit que le devoir d'école est aussi sacré que le devoir fiscal et le devoir militaire.

Qu'est-ce que le devoir fiscal ?

Il consiste à s'acquitter fidèlement de sa dette d'argent, proportionnellement à son avoir, à son gain, à son revenu à l'égard du Trésor public, du fisc.

L'impôt n'est plus établi arbitrairement. Que la contribution soit directe, frappant les maisons, le sol, le loyer, les bénéfices du commerce et de l'industrie, que la contribution soit indirecte, frappant les objets de notre consommation, on ne peut s'y soustraire sans commettre une grave faute vis-à-vis de la société et vis-à-vis d'autrui. C'est la société, c'est l'État qui, en notre nom à tous et dans l'intérêt de tous, nous donne la sécurité, les voies de communication, l'administration qui rend possibles et utiles les rapports pacifiques des hommes entre eux. Nous devons contribuer aux frais communs par notre apport. Et si nous arrivons par ruse à nous dispenser de notre contribution au bien général, si nous fraudons la régie, l'octroi, les douanes, le trésor public, il faut que ce soit nos voisins qui paient pour nous. Nous les frustrons en ne nous soumettant pas aux lois fiscales votées par nos représentants librement élus, et nous commettons un vol véritable.

* * *

L'instituteur représente à l'Ecole à la fois la Famille et la Patrie.

« L'intolérance, c'est l'égoïsme de la pensée. »

A. Fouillée.

« On ne fait son propre bonheur qu'en s'occupant de celui des autres. »

Bernardin de Saint-Pierre.

« Si tous les hommes sont tenus, comme par un contrat mutuel, de respecter réciproquement leurs droits, c'est parce qu'ils sont tous égaux.

Si tous les hommes sont tenus de s'aimer et de s'assister, c'est parce qu'ils sont tous frères. »

G. Compayré.

« L'impôt est la quote-part à payer par chaque citoyen pour subvenir aux dépenses publiques. »

Proudhon.

« L'impôt, c'est la portion de son revenu que la nation, par l'organe de ses mandataires, consacre annuellement aux besoins de l'Etat. L'Etat, pas plus que la famille, pas plus que l'individu, ne peut se passer d'un revenu, ne peut subsister sans ressources. Une armée, une marine sont nécessaires à sa défense; des magistrats, des fonctionnaires sont chargés par lui, les uns de l'administration de la justice, les autres de celle des deniers publics, d'autres de l'exécution des lois; il faut qu'il les paie, puisqu'ils se consacrent entièrement à son service. Il est dans l'obligation de construire et de conserver en bon état des routes, des canaux, des ports de mer, des digues, des édifices, des travaux.... Comment le pourrait-il, s'il n'avait pas à sa disposition des sommes proportionnées à ces dépenses? La nation seule peut les lui fournir, et la nation, c'est la totalité des citoyens. »

A. FRANCK.

« Tous les impôts sous l'ancien régime coûtaient des frais énormes de perception. On calcule que pour l'ensemble des contributions, soit en régie, soit en ferme, on prenait deux au peuple pour donner un à l'Etat. »

E. GARET.

« Au lieu de l'impôt dû au roi, arbitrairement établi et réparti par ses conseils, nous avons l'impôt dû à l'Etat, établi et voté par la nation, représentée par des mandataires, qui délibèrent sous l'œil du pays.

« Au lieu des privilèges de caste ou de position, nous avons l'égalité complète.

« Au lieu d'une répartition arbitraire, odieuse, injuste, nous avons une répartition basée, aussi exactement que possible, sur le principe rationnel et équitable de l'égalité proportionnelle.

« Qui niera que ce soient là des conquêtes ou des bienfaits en regard du passé? »

E. GARET.

« L'impôt n'est légitime qu'autant que les citoyens, libres en droit, se le sont imposé eux-mêmes. Cela ne veut pas dire que chacun puisse, à son gré, décider de la question s'il contribuera ou ne contribuera pas aux charges publiques, ni dans quelle mesure il y contribuera. Tout cela est fixé par la loi, par le pouvoir et par l'administration. Mais on veut dire que cette loi doit être établie par les représentants autorisés du peuple; que le pouvoir fiscal doit, comme les autres,

puiser sa légitimité dans l'expression de la volonté
nationale ; que l'administration, enfin, ne doit faire
autre chose qu'appliquer dans ses détails une loi d'ensemble, émanée dans des formes légitimes, de la souveraineté nationale. »

G. DUMESNIL.

(*Instruction civique*) Ch. Delagrave, éditeur.

« Etre citoyen, ce n'est pas seulement se soumettre
de bonne grâce aux charges publiques qui peuvent nous
incomber, ce n'est pas seulement accepter comme une
chose naturelle les avantages pratiques de la vie sociale : c'est participer de toutes les forces de son intelligence et de sa sensibilité aux émotions qui soulèvent
la cité ; c'est être prêt à sacrifier ce qui nous est le plus
cher aux principes de l'intérêt général ; c'est se tenir
pour lié par un pacte d'honneur avec la nation tout
entière, aimer ce qui la grandit, détester ce qui la menace dans sa sécurité ou dans sa dignité. »

THÉODORE STEEG.

LE DEVOIR MILITAIRE

Le soldat doit servir la Patrie avec amour, dévouement et abnégation. Il a la charge de défendre contre les attaques de l'étranger la collectivité nationale, le patrimoine sacré que nous ont laissé nos aïeux. En servant la France, nos soldats assurent non seulement l'intégrité du territoire, des foyers de leurs parents et de leurs amis, des cimetières où reposent les morts aimés, mais encore ils gardent sauf l'héritage de la pensée française, de l'âme française, de la langue française, de la générosité française, de la liberté, du génie de notre Patrie, qui sont parmi les plus éclatants flambeaux de la civilisation humaine.

Servir sa patrie les armes à la main est un devoir impérieux auquel personne n'a le droit de se soustraire.

L'armée républicaine sort des entrailles mêmes de la nation. A mesure qu'on supprima les armées de métier, à mesure que le service militaire exigea moins d'années, les inégalités disparurent. Après le service de sept ans, la République a institué le service de cinq ans, puis de trois ans, puis de deux ans ; mais à chacune de ces réformes heureuses, plus d'hommes furent soumis à l'impôt de la caserne et du service militaire. Sous le système actuel, ni la richesse, ni les titres ne constituent un droit à une

dispense ou à une exemption. Tous les hommes va-
lides doivent deux années au pays et, dans une féconde et juste fraternité, hommes des champs et des
villes, laboureurs, artisans, étudiants et commis
sont soumis à la même obligation, à la même discipline, au même réconfortant labeur.

L'armée et la marine françaises comptent plus de
trois millions d'hommes, dont six cent mille forment
l'armée active.

La caserne est pour tous la grande école d'endu-
rance et de patriotisme où, sous l'autorité ferme-
ment paternelle des chefs, ils doivent achever cet
apprentissage commencé en classe qui fera d'eux
des hommes et des citoyens soumis aux lois et atta-
chés d'un fervent amour à la France, à la République et au drapeau de la Patrie.

*
* *

« On a dit quelquefois que nous avons un culte passionné pour l'armée, cette armée qui groupe aujour-
d'hui toutes les forces nationales, qui est recrutée, non
plus maintenant parmi ceux dont c'était le métier d'être
soldats, mais bien dans le plus pur sang du pays; on
nous reproche de consacrer trop de temps à l'examen
de la progresion de l'art militaire, qui met la patrie à
l'abri du danger : ce n'est pas un esprit belliqueux qui
anime et dicte ce culte; c'est la nécessité, quand on a
vu la France si bas, de la relever afin quelle reprenne
sa place dans le monde.

« Si nos cœurs battent, c'est pour ce but et non pour
la recherche d'un idéal sanglant : c'est pour que ce qui
reste de la France nous reste entier; c'est pour que

nous puissions compter sur l'avenir et savoir s'il y a dans les choses d'ici-bas une justice immanente qui vient à son jour et à son heure. »

GAMBETTA.

(*Discours*) Fasquelle, éditeur.

« Servir le pays est le premier des droits civiques comme le premier des devoirs. »

A. RAMBAUD.

« On obéit sans humiliation, on obéit avec dignité, parce que c'est la Patrie qui commande. »

E. LAVISSE.

« Nous voulons que le passage sous les drapeaux devienne comme une école bienfaisante, *l'école virile de tous les citoyens*, la véritable école de solidarité nationale où tous, complétant l'œuvre de l'école antérieure, prendront conscience de la grandeur de leur sacrifice, rattacheront le devoir militaire à une idée très haute de leur dignité civique, élevant et moralisant notre jeunesse et l'animant du grand souffle qui portait aux frontières les volontaires de 1792 et qui, suivant l'image de Quinet, respirait dans les plis du drapeau. »

BERTEAUX.

L'ancienne institution de l'armée assurait tous les grades aux nobles et en excluait absolument les roturiers. Un édit du 22 mai 1781, rendu sous le ministère du maréchal de Ségur qui l'avait provoqué, déclarait que nul ne pourrait être officier, s'il ne faisait des preuves de noblesse remontant au moins à quatre générations, c'est-à-dire d'une noblesse de quatre degrés ou de cent ans.

Tous les grades s'achetaient depuis celui de sous-lieutenant jusqu'à celui de colonel.

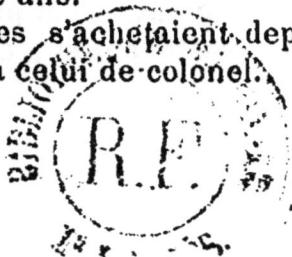

Les régiments étaient la propriété des colonels, et les prix de ces propriétés ayant considérablement haussé sous Louis XIV, Saint-Simon disait : « La vénalité dans l'état militaire est une gangrène qui ronge un État et doit le faire succomber. »

E. GARET.

« Une armée nationale est une garantie pour le maintien des libertés nationales. Le service obligatoire, c'est la nation armée, c'est-à-dire le plus solide rempart de la liberté et de la loi. »

E. GARET.

« La patrie n'est grande et forte, elle n'est sûre de conserver ses richesses et son indépendance que si elle dispose d'une armée permanente, capable de la défendre au jour de danger. Sans l'existence d'une armée, vos maisons, vos propriétés, vos personnes seraient exposées aux invasions des étrangers ou aux attaques des perturbateurs. Et pour constituer cette armée, il faut que vous alliez tous à tour de rôle passer quelque temps sous les drapeaux, prêts à y revenir en masse le jour où la patrie serait menacée. »

G. COMPAYRÉ.

Oui, si pour ravager les champs et saccager
L'olivier, le pommier, la vigne et l'oranger,
L'envahisseur foulait le sol de la Patrie,
Les faucheurs défendraient cette terre chérie
Et se lèveraient tous pour chasser l'étranger,
Du pays béarnais à la terre lorraine,
De la rude Bretagne à la cime hautaine
Des Alpes, tous les gars armés de bonnes faux
S'élanceraient, marchant à grands pas inégaux,
Cheveux au vent, bras nus et la poitrine saine.

Ils courraient, remettant la moisson à plus tard,
Sans chef et sans drapeau, sans fourgon, ni brancard,
Ils auraient dans le cœur la fierté qui délivre,
Parce qu'ils entendraient dans les clairons de cuivre,
L'âme de Jeanne d'Arc et l'âme de Bayard.

(*Le Livre rose et bleu.*)   OCTAVE AUBERT.

Lettre à mon neveu, soldat.

. . . .

Il faut que tu songes bien que tes actes, tes paroles ont désormais une importance qu'ils n'avaient pas autrefois. Vis-à-vis de tes chefs, quels qu'ils soient, il faudra toujours être respectueux, toujours obéissant ; cela peut paraître dur en telle circonstance où leurs propos peuvent sembler blessants, ou leurs ordres injustes, mais il faut te dire qu'en pareil cas, on obéit non à celui-ci ou à celui-là, mais à la discipline, c'est-à-dire à une loi que, sous des formes diverses, il faut toujours non seulement subir, mais respecter dans la vie. La dignité en pareille circonstance consiste bien moins à juger la valeur de ce qu'on nous commande qu'à l'accomplir par respect pour soi-même.

Une autre règle plus générale, c'est que l'honneur commandant parfois de défendre ce que l'on a fait et ce que l'on a dit, il ne faut dire et faire que ce qu'il exige. Alors on peut n'avoir aucun souci des petites querelles et imposer cependant autour de soi le respect qu'on doit toujours exiger.

. . . .

WALDECK-ROUSSEAU.

« Soyons forts, non pour préparer la guerre, mais pour l'éviter. »

LOUBET.

LE PATRIOTISME

L'Instinct patriotique.

Le patriotisme est un instinct avant de devenir
une vertu. On aime sa patrie comme on aime sa
mère. Sans réflexion, par pure impulsion, un lien
intime et solide unit l'homme au pays où il a vu le
jour. L'âme du pays où nous sommes nés, où nous
rattachent les souvenirs des ancêtres vit dans notre
âme et la modèle à son image.

Comme l'instinct, l'amour de la patrie est naturel,
spontané, indéracinable. Il n'est pas appris: Il se
développe dans nos cœurs, sans culture.

Le patriotisme a aussi la force impérieuse de l'instinct. Eloignez l'être le plus rude, le moins policé
des lieux où il a vu le jour, et aussitôt il est « dé-
paysé, » inquiet, inégal à lui-même. Le mal du pays,
la nostalgie s'empare de l'homme en exil. Il subit
la détresse commune aux animaux et même aux
plantes transportés dans de nouveaux climats.

L'objet de l'instinct est la conservation de l'être.
Le patriotisme excite l'homme à fortifier et à em-
bellir les lieux où il est né, car c'est là qu'il se développe lui-même à son degré maximum et qu'il se
sent le mieux protégé. Dans le cadre familier à ses
yeux et à ses sens, dans l'air qu'il respire depuis

l'enfance, sur son terroir enfin, l'homme est meilleur
et plus vaillant. Les idées, impressions et sentiments
qui se logent en l'esprit de l'homme et qui viennent
du dehors sans tenir par quelque endroit à la terre
natale et à l'air natal, restent pour ainsi dire exté-
rieurs à notre nature et ne s'assimilent pas.

L'amour de la patrie semble tout d'abord l'amour
instinctif et impérieux du lieu natal auquel s'ajoute
l'amour naturel de la race.

* * *

On ne peut pas vivre sans pain,
On ne peut pas non plus vivre sans la patrie !
V. Hugo.

« L'amour du pays est une vertu élémentaire comme
l'amour du foyer, ou comme l'honnêteté et le courage. »
Roosevelt.

Pourquoi le prononcer ce nom de la Patrie ?
Dans son riant exil mon cœur en a frémi,
Il résonne de loin dans mon âme attendrie
Comme les pas connus ou la voix d'un ami....
Chaumière où du foyer étincelait la flamme,
Toit que le pèlerin aimait à voir fumer,
Objets inanimés avez-vous donc une âme
Qui s'attache à notre âme et la force d'aimer ?
Lamartine.

« Imaginez le paysan qui vit toute la journée en plein
air ; il n'est point séparé de la nature par l'artifice des
inventions protectrices et par la préoccupation des

idées et des visites. Le ciel et le paysage lui tiennent
lieu de conversation; il n'a point d'autres poèmes, ce
ne sont point les lectures et les entretiens qui remplissent son esprit, mais les formes et les couleurs qui
l'entourent. Il en rêve appuyé sur le manche de la charrue; il en sent la sérénité ou la tristesse quand le soir
il rentre assis sur son cheval, les jambes pendantes, et
ses yeux suivent sans réflexion les bandes rouges du
couchant. Il n'en raisonne point, il n'arrive pas à ces
jugements nets, mais toutes ces émotions sourdes,
semblables aux bruissements innombrables et imper-
ceptibles de la campagne, s'assemblent pour faire ce
ton habituel de l'âme que nous appelons le caractère. »

TAINE.

(*L'ancien régime*) Hachette et Cⁱᵉ, éditeurs.

« Croit-on que le caractère des Français ne doive
rien à la nature de l'air, des eaux, de la terre et du ciel
de France? N'est-il pas visible, au contraire, que,
d'une contrée à l'autre, ces causes extérieures donnent
un tour différent au naturel des populations; et, par
exemple, conçoit-on qu'elles eussent le même caractère
sur les bords embrumés de la Tamise et sous le ciel clé-
ment de la Grèce ou de l'Italie? La patrie dont on est
l'enfant contribue donc puissamment, comme l'a montré
Montesquieu, à déterminer à la fois notre physique et
notre moral. »

GEORGES DUMESNIL.

(*Instruction civique*) Ch. Delagrave, éditeur.

« L'exilé partout est seul. »

LAMENNAIS.

« Primitivement, la patrie était la terre des pères,
le sol où reposaient les ancêtres et que leurs âmes

habitaient. Et comme ces ancêtres étaient des dieux, les dieux protecteurs de la famille, la patrie qui les enfermait était elle-même sacrée. Elle était le symbole de la continuité et de la perpétuité de la famille, la figure du passé, que les vivants avaient le devoir de transmettre inviolée à leurs descendants. Peu à peu, le contenu de la patrie s'est agrandi, mais la notion est restée la même. »

BOUTROUX.

« Il est digne de remarquer que plus le sol d'un pays est ingrat, plus le climat en est rude, plus il a des charmes pour nous. Un sauvage tient plus à sa hutte qu'un prince à son palais, et le montagnard trouve plus de séduction à sa montagne que l'habitant de la plaine à son sillon. Demandez à un berger écossais s'il voudrait changer son sort contre celui du premier potentat de la terre; loin de sa tribu chérie, il en garde le souvenir; partout il redemande ses troupeaux, ses torrents, ses nuages. Il dépérit s'il ne retourne au sol natal. Il est satisfait d'y finir ses jours. »

CHATEAUBRIAND.

LE SENTIMENT PATRIOTIQUE

Le patriotisme est un sentiment profondément humain. La patrie est née de la nécessité des groupements sociaux et de circonstances géographiques, mais dès nos premiers pas de la vie, l'âme insaisissable mais vivante et puissante du pays, nous prend et nous enchaîne doucement. Dans le cercle chéri des collines, des monts, des plaines, des eaux qui nous ont vu naître, vécut, lutta et souffrit une race d'hommes qui est la nôtre, dont l'histoire est notre histoire, dont les efforts obscurs ou éclatants préparent notre époque.

Et nous sentons en nous le génie de la race. Partout où quelques Français sont ensemble, parlant la même langue, sentant au fond du cœur les mêmes émotions pour les mêmes objets, même loin de la France, il leur semble qu'ils sont dans leur patrie. Le sentiment patriotique est donc autre chose que l'amour instinctif du sol natal.

« A tous les cœurs bien nés, a dit le poète, que la patrie est chère. » Oui pour tout homme de cœur la patrie est la terre des vivants et des morts aimés. Et dès les premiers âges de la civilisation, le patriotisme, à cause du culte des ancêtres, devint étroit, fanatique, ardent et belliqueux quand il s'agit de défendre contre l'envahisseur la terre où reposent les aïeux.

Le patriotisme demanda toute de suite des immolations guerrières, et le courage militaire devint la première des vertus. Tuer ou mourir pour la patrie fut le premier des devoirs. Le guerrier courageux est dans le passé le type accompli du patriote.

Sous l'influence du progrès des esprits, sous l'influence des idées de liberté et des idées d'humanité, cette conception s'est élargie grandement, mais aujourd'hui, comme au temps de la Révolution, le premier devoir du républicain est d'être patriote et de lutter jusqu'à la mort, si la nécessité nationale l'y oblige, pour la défense du sol, pour l'indépendance de la République.

* * *

« La patrie est constituée, non par une délimitation artificielle, mais par le groupement, dans un territoire plus ou moins étendu, d'êtres pensants, ayant les mêmes souvenirs, le même patrimoine moral, les mêmes intérêts. Le sentiment de la patrie est analogue au sentiment filial et familial très développé et très élargi. »

PAUL GUIEYSSE.

« La patrie est l'image élargie du foyer domestique. »

G. DURUY.

« Avoir des gloires communes dans le passé, une volonté commune dans le présent, avoir fait de grandes choses ensemble, vouloir en faire encore, voilà les conditions essentielles pour être un peuple. »

RENAN.

« On éveillera chez les enfants l'amour de la grande patrie en avivant en eux l'amour de la petite patrie, de la région natale, de ses traditions, de ses coutumes ; en leur enseignant les grandeurs diverses du passé national, et en leur inspirant la fierté d'où naîtra, chez les meilleurs, le désir passionné de les faire revivre. »

EUG. ROSTAND.

« La patrie, c'est la commune mère, l'unité dans laquelle se pénètrent et se confondent les individus isolés ; c'est le nom sacré qui exprime la fusion volontaire de tous les intérêts en un seul intérêt, de toutes les vies en une seule vie perpétuellement durable. »

LAMENNAIS.

« La patrie est une association sur le même sol des vivants avec les morts et ceux qui naîtront. »

J. DE MAISTRE.

« Les mots de patrie, de père, de mère sont trop clairs par eux-mêmes pour qu'il ait besoin de les définir. »

DELPECH.

« La patrie, c'est la terre des berceaux et des tombes, c'est la terre des pères, des aïeux, comme l'indique le nom. »

MAURICE FAURE.

LE DEVOIR PATRIOTIQUE

La Patrie n'est pas seulement le sol avec le peuple qui habite ce sol. Elle est faite des mœurs, des traditions, de l'histoire, des aspirations communes. Nous devons à la Patrie la sécurité, les bienfaits de la famille, du travail, du développement intellectuel. La langue, les arts, les institutions et les lois constituent la France plus encore que la frontière géographique. Nous avons le devoir de défendre tout ce patrimoine de gloire, de beauté, de grandeur. Nous devons l'accroître par notre labeur, notre fervent amour de la Patrie. C'est une obligation pour l'homme libre de faire plus prospère, plus forte, plus noble, plus rayonnante la Patrie sacrée de la raison et du droit qui a donné au monde l'exemple de la liberté.

Il ne suffit pas de défendre l'intégrité de la Patrie et d'assurer son indépendance. Nous devons encore l'honorer en devenant des hommes honnêtes, des artisans habiles, des producteurs intelligents, des ingénieurs et, si nous le pouvons, des savants et des artistes.

Certes tous les hommes du monde ont droit à notre sympathie et nous ne devons pas vivre, hommes indépendants, généreux et amoureux du progrès, en considérant les autres patries comme des ennemies. Mais dans toute l'humanité nous avons notre patrie de choix et de prédilection. Notre préférence est naturelle, elle tient aux fibres les plus intimes de notre cœur et de notre raison. Notre préférence est sacrée. C'est un immense et profond sentiment de reconnaissance, d'amour et d'espérance qui ne peut être ni vague, ni théorique, ni conditionnel. Le patriotisme doit se traduire par des actes. S'il ne se traduit pas par des actes loyalement, allègrement accomplis, il n'est plus le patriotisme. Il n'en est que l'hypocrite et honteuse contrefaçon.

Quelle que soit notre opinion politique, philosophique, religieuse, humanitaire, nous devons mettre bien au-dessus de toutes les querelles d'école et de parti l'idée de la Patrie et l'amour de la Patrie.

*

« L'esprit de patriotisme doit imposer silence à l'esprit de parti. »

EUG. PELLETAN.

« C'est le souvenir des joies et des peines éprouvées en commun, des efforts faits ensemble pour réaliser dans la mesure du possible un même idéal, pour donner à la chose publique une certaine direction et pour améliorer sans cesse l'œuvre de ceux qui nous ont précédés, qui fait cette personne morale qui s'appelle la Patrie. »

G. DE NOUVION.

« Une patrie existe surtout dans la mesure où les citoyens s'aiment et l'aiment : la proportion changeante de leurs motifs d'union et de leurs motifs de discorde fixe le degré de vie qui lui appartient. Si donc il n'y a de patrie que par l'association de deux facteurs analogues à ceux qui composent le corps vivant, c'est le facteur spirituel qui, dans la société comme dans l'individu, importe le plus : un savant mutilé par une expérience de laboratoire ne cesse pas d'être lui-même tant que son esprit n'a rien perdu de sa pénétration et de sa force ; une nation à laquelle une guerre malheureuse a arraché une de ses provinces n'est pas profondément atteinte tant que les fils qu'on a séparés d'elle la regrettent et que ceux qu'elle a gardés la servent avec passion. »

B. JACOB.

(*Devoirs*, Ed. Cornély, éditeur.)

« La patrie n'est pas seulement une idée, un principe, un symbole : c'est un être qui existe, que l'on voit, auquel on s'adresse : dirait-on « la patrie absente » sans cela ? Voilà pourquoi la nostalgie est une maladie si douloureuse. »

C. DELAVIGNE.

« L'amour de la patrie est aux nations ce que l'amour de la vie est à l'homme. »

LAMARTINE.

« Sans remonter plus haut dans l'histoire contemporaine, et pour ne parler que des plus grands parmi les morts, n'avons-nous pas pu admirer à la même heure l'incomparable éloquence et le sens politique d'un Gambetta, — la prodigieuse vieillesse d'un Hugo projetant sur le siècle finissant l'ombre d'une gloire immortelle — l'invention inépuisable d'un Berthelot ouvrant à la chimie et à ses applications multiples des horizons illimités, — la hardiesse philosophique et les séductions littéraires d'un Ernest Renan, — la méthode, le génie puissant, la tranquille hardiesse d'un Pasteur dont les découvertes sont pour l'humanité autant de révolutions bienfaisantes? N'est-ce pas, depuis, un Français (Curie), enlevé aux plus grandes espérances par une fin stupide, qui a jeté dans l'ensemble des connaissances humaines, avec le radium, un élément inconnu et imprévu dont il est impossible d'apprécier et de mesurer les conséquences? N'est-ce pas sur les routes de France, les plus belles du monde, et les plus riches en souvenirs illustres, que des Français ont créé, amélioré, développé ces machines de communication, souples, légères, rapides, qui ont donné l'essor à une industrie nouvelle et transformé les conditions des relations entre les hommes? Ai-je besoin d'évoquer le spectacle que les plaines de Béthiny, déjà si chères à nos cœurs par l'éclat d'une revue triomphale, nous ont offert dans cette lutte pour la conquête de l'air où nos aviateurs ont déployé tant d'audace gracieuse, de fertilité inventive et l'exaltation d'une émulation dont la bravoure semblait porter un défi à la mort?

« Un peuple qui peut s'enorgueillir de tels titres de gloire n'a pas déchu de son rang et n'a pas abdiqué son rôle. »

Louis Barthou.

« Je n'ai vécu que pour la science, et dans les heures difficiles, inséparables de longs efforts, la pensée de la patrie relevait mon courage. J'associais sa grandeur à la grandeur de la France. »

Pasteur.

« Nous ne pouvons distinguer l'armée de la nation.
Elles sont l'une et l'autre les deux aspects différents
mais non contraires d'une seule et même réalité : le
peuple français, gardien jaloux de son honneur, de son
indépendance et de ses libertés. »

BERTEAUX.

« Jeune Français, applique-toi à respecter les traits
de ta patrie, la meilleure et la plus noble des mères.
Aime-la pour son immortelle beauté, à laquelle l'envie
de tous les peuples n'a cessé de faire cortège. Aime-la
pour ses grâces, pour ses triomphes et pour ses
malheurs. Prends pour maîtres et pour confidents les
penseurs qui ont formé son âme. Garde pure sa langue
de clarté qui dissipe les nuages et ne sait pas mentir. »

ADRIEN HÉBRARD.

DEVOIRS ENVERS LA PATRIE

L'idée de Patrie chez les peuples libres s'étend et se purifie. Ce n'est pas seulement pour défendre nos frontières, c'est pour défendre les idées de la Révolution que nos pères de 1793 luttèrent avec tant d'enthousiasme et de gloire.

Et Jeanne d'Arc déjà, la sublime Lorraine, quand elle se présenta, prête à se battre et à vaincre, devant le roi Charles VII, elle avait de la Patrie une idée plus précise et plus belle que ses contemporains. C'est le vaste domaine des pensées, des sentiments d'une race qu'elle entendait défendre et c'est la voix même de la Patrie qui l'exhortait à unir les Bourguignons, les Picards, les Auvergnats et tous les hommes des vieilles provinces contre les Anglais qui, avec leur passé, leurs passions, leur idéal devaient rester dans leur île, dans les limites que la mer avait assignées à leur race.

C'est l'idée de la France future autant que le sol de la France que défendait la vaillante fille du peuple. Elle personnifiait le droit national déjà comme les héros de la Révolution qui, pieds nus et déguenillés, firent reculer au cri de : « Vive la Nation ! » les troupes les plus aguerries de l'Europe.

Et aujourd'hui, sous le régime de la démocratie libre, égalitaire et fraternelle, le patriotisme consiste à défendre les institutions de la République et à participer par le vote et l'observation des lois au développement et à la prospérité de la patrie. Nous devons l'aimer, la servir, la défendre. A son passé, à son bonheur présent, à sa gloire future nous devons sacrifier notre bien-être, et, s'il le faut, notre vie.

Pour la terre natale, qui est le corps matériel de la Patrie, pour son histoire et ses nobles aspirations, pour l'idéal de liberté et de justice qui sont l'âme de la Patrie, nous devons à chaque heure être prêts à lutter, vaincre ou mourir.

**

« Grand jour ! sublime jour, de mémoire éternelle, où le drapeau déployé sur nos places, le canon tonnant de moment en moment, ces paroles solennelles furent dites et promulguées : « *La Patrie en danger appelle ses enfants !* » Et quand elles furent dites, six cent mille hommes étaient inscrits !

Pour la guerre ? Non, c'est la gloire unique de la France. Inscrits pour la délivrance, la paix universelle, inscrits pour le salut du monde ! »

Michelet.

« Le nom de Gambetta demeure, grandit, résume et domine son époque, l'histoire à laquelle il a été mêlé : des épreuves tragiques, un relèvement inespéré, la puissance morale de la France ébranlée, puis rétablie, l'abattement de la défaite, de nouveaux espoirs, un long et patient effort ; la troisième République d'abord contestée, bientôt triomphante ; la ferme volonté de faire

8

du gouvernement nouveau l'héritier des gloires passées, l'instrument des réparations de l'avenir. »

WALDECK-ROUSSEAU.

« L'unité de la patrie, l'indivisibilité de la République, c'est le mot saint et sacré de 1793.... Point de vie hors de l'Unité. » MICHELET.

« Deux figures dominent toute notre histoire : loin, bien loin, à notre berceau, la vieille Gaule, notre mère; plus près de nous, sur les confins du moyen âge et de l'ère moderne, Jeanne d'Arc, la France incarnée. »

H. MARTIN.

« On doit passionnément admirer la figure de la Lorraine qui apparut au xvᵉ siècle pour abaisser l'étranger et nous redonner la patrie. »

GAMBETTA.

« Il n'est pas de grand peuple sans une grande pensée. » WALDECK-ROUSSEAU.

Ceux qui pieusement sont morts pour la patrie
Ont droit qu'à leur cercueil la foule vienne et prie.
Entre les plus beaux noms, leur nom est le plus beau.
Toute gloire près d'eux passe et tombe éphémère;
   Et, comme ferait une mère
La voix d'un peuple entier les berce en leur tombeau.
   Gloire à notre France éternelle!
   Gloire à ceux qui sont morts pour elle!
   Aux martyrs! aux vaillants! aux forts!
   A ceux qu'enflamme leur exemple,
   Qui veulent place dans le temple,
   Et qui mourront comme ils sont morts.

V. HUGO.

« Jeanne d'Arc était, de son temps, la meilleure créature qu'il y eut en France, mais tout le monde lui ressemblait dans le royaume. En elle était la pensée de tous, elle portait en elle le génie de tous. C'est pourquoi elle fut obéie et suivie. »

ANATOLE FRANCE.

« Comment pouvons-nous concevoir l'éducation morale et intellectuelle de l'adolescent?

Il faut tout d'abord donner à l'écolier le goût des choses militaires. Dans une récente circulaire en Allemagne, le ministre de la guerre prescrit « de faciliter aux écoliers, aux écoles entières, d'assister aux revues, aux manœuvres et aux exercices intéressants et de leur donner des places d'où l'on puisse bien voir.

Au Japon, la même méthode porte ses fruits et forme une population guerrière.

Il ne suffit pas d'avoir des soldats vigoureux, il faut encore que tous soient prêts au suprême sacrifice; et pour cela il est indispensable qu'ils aient conscience de la nécessité de la guerre.

A l'adolescent, il est donc essentiel de montrer le rôle qu'a joué la guerre dans la constitution des Etats : c'est par la guerre que s'est fondée la patrie française ; c'est par la guerre que s'est constituée la grande unité germanique. Il convient aussi de montrer à notre jeunesse, l'histoire en main, que les grandes époques militaires furent presque toujours de grandes époques scientifiques, philosophiques, littéraires et artistiques; il faut la convaincre par des exemples de cette vérité que la victoire par les armes a toujours pour conséquence la grandeur du pays. Le colossal développement économique et scientifique de l'Allemagne n'est-il pas la conséquence de ses succès militaires en 1864, 1866 et 1870? Ce sont deux guerres heureuses qui ont fait du

Japon un grand peuple. Enfin tous nos jeunes Français doivent savoir qu'aujourd'hui aucune nation ne saurait se passer d'alliances, et que seules en obtiennent celles qui possèdent une solide armée sur qui les alliés peuvent compter. »

GÉNÉRAL LANGLOIS.

Aux temps héroïques, alors que la Révolution française tenait tête à l'Europe monarchique et féodale coalisée contre elle, les mots : républicain et patriote étaient synonymes. Les « va-nu-pieds superbes, » comme dit le poète, qui, en 92, repoussèrent l'invasion et portèrent au delà des frontières la Déclaration des Droits de l'Homme et du Citoyen piquée à leurs baïonnettes, s'appelaient eux-mêmes, et leurs ennemis les appelaient indifféremment républicains ou patriotes, ne voyant nulle différence entre ces deux termes qui nécessairement exprimaient la même idée.

Aujourd'hui comme jadis, la France et la République, c'est la même chose. La France est encore à peu près seule en Europe à tenir le drapeau républicain. Peut-être les souverains, dont les trônes ont si souvent tremblé au souffle de liberté venu de chez nous, pardonneraient-ils à cette France d'être la France, jamais ils ne lui pardonneront d'être la République, c'est-à-dire de symboliser la menace pour eux et l'espérance pour leurs sujets ; d'être le phare dont la clarté guide la marche lourde des peuples encore asservis ; d'être le foyer dont la chaleur puissante rayonne sur le monde. Quelle victoire pour eux s'ils parvenaient à éteindre cette lumière, à étouffer ce brasier ! Pour combien de siècles, si la France disparaissait, l'Europe serait-elle replongée dans la nuit? De sorte que, si nous avions à prendre les armes pour défendre la France, ce serait, en réalité, de l'avenir, du progrès humain que nous serions les soldats. Mesurons l'étendue des devoirs qui nous incombent. Déserter le drapeau de la France, ce serait trahir la cause de la Révolution en France et en Europe. Demandez aux empereurs et aux rois si ce drapeau, emblème de la patrie, n'est pas toujours le drapeau des Droits de l'Homme !...

LUCIEN VICTOR-MEUNIER.

Comment les Suisses comprennent le patriotisme. Une fête de sous-officiers à Lausanne.

Voici quelques passages d'un discours prononcé par M. Benjamin Vallotton, sergent de carabiniers, dans une fête militaire de Lausanne.

... On a le droit de souhaiter l'avènement d'un temps où les peuples, refusant de s'entr'égorger, vivront côte à côte, en frères réconciliés. Mais on a le devoir, non moins impérieux, de regarder la réalité bien en face et de constater qu'un peuple qui désarmerait aujourd'hui au nom de ses principes humanitaires serait aussi un peuple qui se suiciderait et courberait bientôt la tête devant un vainqueur moins prompt à s'embarrasser de scrupules.

Mais ne nous y trompons pas : si nous voulons que notre Patrie soit forte, il ne suffit pas, aux heures des fêtes et des banquets, de se dire prêt à mourir pour elle. Avant de mourir pour elle, il faut savoir *vivre* pour elle, jour après jour, une vie de devoir, une vie de dignité, une vie d'amour joyeux.

Cultivons l'énergie, camarades !... Aimons tout ce qui est noble et beau, tout ce qui rend plus libre et plus fort.

Et alors, tout naturellement, nous aimerons notre

patrie d'un tel amour que nous serons prêts, pour elle, à tous les sacrifices.

Laissons protester et déclamer. Et puisque c'est nous qui votons et voulons nos lois, obéissons-leur scrupuleusement. Mettons-y notre fierté de républicains. Obéissons à nos magistrats, à nos officiers, à tous ceux qui sont en autorité parmi nous. Cette obéissance-là grandit, anoblit, libère! Ce n'est pas l'obéissance craintive de l'esclave incliné devant le tyran, mais l'obéissance joyeusement consentie par le citoyen désireux de vivre non pas pour lui seul, mais pour le pays tout entier.

*
* *

« Que chacun se tienne sur ses gardes et, en dernier recours, compte sur sa force. La nation la plus éprise de justice ne saurait cesser d'aiguiser son épée. C'est pourquoi l'éducateur le plus pacifiste ne saurait manquer d'enseigner d'abord le respect du devoir militaire.

Est-ce à dire qu'il lui soit interdit, tout en obéissant ainsi aux nécessités du présent, de préparer un meilleur avenir? Cet état de droit, qui n'est pas organisé encore, ne pouvons-nous pas, par des efforts raisonnés, en hâter la constitution? Déjà les linéaments de ce droit se dessinent. Pour de grands objets d'intérêt humain, les nations ont multiplié déjà les conventions et les congrès. Peu à peu, la pratique de l'arbitrage se généralise et se régularise sous nos yeux. »

G. Bouglé.

(*Solidarisme et libéralisme*) Cornély, éditeur.

L'HÉROISME PATRIOTIQUE

La Patrie en danger! — La Marseillaise.

A l'appel de la patrie menacée, tout autre sentiment se tait dans le cœur de l'homme libre. Le citoyen n'entend plus qu'une seule voix, celle de la
patrie en détresse, il ne connaît qu'un ennemi : celui que la patrie désigne; qu'un devoir : le dévouement jusqu'à la mort.

La pensée ardente de sauver le sol des aïeux, le
patrimoine sacré des traditions, des pensées, des
aspirations, des gloires communes, la volonté de sacrifier son individualité à la cause de tous suscitent
l'héroïsme patriotique d'une Jeanne d'Arc, d'un chevalier d'Assas. Et dans les époques dramatiques de
l'histoire, quand une noble idée souffle dans les
cœurs et semble enfler les drapeaux, c'est une exaltation générale qui fait d'une cohue de paysans,
d'ouvriers, de petits employés une armée de héros.
Pour défendre la patrie et la liberté, une foule enthousiaste se lève et s'élance, qui devient tout à coup
une invincible armée. Les drapeaux palpitent comme
des vivants et les chants nationaux deviennent des
guerriers.

Haines, égoïsmes, intérêts se taisent : « La patrie

est en danger ! » La *Marseillaise*, hymne de délivrance et de victoire, jaillit du cœur aux lèvres :
« Allons enfants de la Patrie ! » — « Amour sacré
de la Patrie ! »

Qu'importe la mort dans ces heures de magnifique
lutte pour l'indépendance du sol et des âmes ! La
France, la République appelle ses enfants.

> Un Français doit vivre pour elle,
> Pour elle un Français doit mourir.

***

« La discipline qui fait les armées fortes fait aussi les
grandes nations. »

LOUIS BARTHOU.

« Il y a une autre chose au monde que la force matérielle. Il y a la force que donne l'amour de la patrie
et de la liberté. »

FRANCK.

« Plus de liberté, plus de patrie, — l'empire du monde
est aux plus scélérats. »

PROUDHON.

« Le père prend son enfant : grande fête publique,
grande foule dans Paris. Il le mène de Notre-Dame au
Louvre, aux Tuileries, vers l'Arc de triomphe. D'une
terrasse, il lui montre le peuple, l'armée qui passe, les
baïonnettes frémissantes, le drapeau tricolore.... Dans
les moments d'attente surtout, avant la fête, aux reflets
fantastiques de l'illumination, dans ces formidables si-
lences qui se font tout à coup sur le sombre océan du

peuple, il se penche, il lui dit : « Tiens, mon enfant, regarde ; voilà la France, voilà la Patrie ! Tout ceci, c'est comme un seul homme, même âme et même cœur. Tous mourraient pour un seul ; et chacun doit aussi vivre et mourir pour tous. »

MICHELET.

« Semblable à ces drapeaux sacrés suspendus aux voûtes des temples, qu'on ne sort qu'à certains jours, on garde le chant national comme une arme suprême pour les grandes nécessités de la patrie. »

LAMARTINE.

« C'est parce que la France, abandonnée, trahie par ceux qui lui avaient promis de la conduire à la victoire, envahie, mutilée, foulée par cinq cent mille Allemands, ne s'est pas résignée ; c'est parce qu'elle ne se résigne pas qu'elle fait encore figure dans le monde et qu'elle peut porter la tête haute devant l'Europe. N'est-ce rien que d'avoir montré que la force n'est pas tout en ce monde, qu'à côté de la force il y a le droit qui ne se prescrit pas, et qu'il existe dans les choses humaines une autre loi que le succès ? »

JULES FERRY.

— *La Marseillaise.* — « Un chant sortit de toutes les bouches ; on eût pu croire que la nation entière l'avait composé ; car au même moment il éclata en Alsace, en Provence, dans les villes et dans la plus misérable chaumière. C'était d'abord un élan de confiance magnanime, un mouvement serein, la tranquille assurance du héros qui prend ses armes et s'avance ; l'horizon, lumineux de gloire, s'ouvre devant lui. Soudainement le cœur se gonfle de colère à la pensée de la tyrannie. Un premier cri d'alarme, répété deux fois, signale de loin l'ennemi. Tout se tait, on écoute, et au loin on croit entendre, on entend sur un ton brisé les pas des envahisseurs dans l'ombre ; ils viennent par des chemins cachés, sourds ; le cliquetis des armes les annonce en pleine nuit, et, par-dessus ce bruit souterrain, vous discernez la plainte, le gémissement des villes prisonnières. L'incendie rougit les ténèbres. Un grand silence succède, pendant lequel résonnent les pas confus d'un peuple qui se lève ; puis ce cri imprévu, gigantesque, qui perce les nues : « Aux armes ! » Ce cri de la France, prolongé d'écho en écho, immense, surhumain, remplit la terre ! Et, encore une fois, le vaste silence de la terre et du ciel ; et c'est comme un commandement militaire à un peuple de soldats ! Alors la marche cadencée, la danse guerrière d'une nation dont tous les pas sont comptés. A la fin, comme un coup de tonnerre, tout se précipite. La victoire a éclaté en même temps que la bataille. »

E. QUINET.

(*Edition du Centenaire*) Hachette et Cⁱᵉ, éditeurs.

LE DRAPEAU TRICOLORE

Le drapeau tricolore est le symbole de la patrie et de la liberté. Il date de 1792. Les hommes de la Révolution française choisirent pour emblème de leur victoire et de leur indépendance nouvelle les couleurs de Paris, le rouge et le bleu. Ils y ajoutèrent le blanc, qui était la couleur de l'ancienne monarchie, et unirent ainsi dans les étendards les couleurs de la vieille et de la nouvelle France.

C'est avec un respect patriotique que nous devons saluer le drapeau. Il porte dans ses plis l'honneur et la gloire de la France. C'est avec un sentiment ardent de tendresse que nous devons le défendre.

Là où flotte le drapeau de la France, là est la France. Le drapeau est plus qu'un symbole. C'est presque un être animé : il a droit à des honneurs, on le décore quand le régiment s'est bien battu, et il n'est pas un soldat qui ne soit prêt à exposer sa vie pour venger une injure faite au drapeau.

Le drapeau est le signe vivant de la patrie. A sa vue, le cœur du citoyen et du soldat se gonfle d'émotion, de reconnaissance, de fierté, d'espérance. Il est la gloire du passé, l'emblème du devoir, du ralliement de tous les cœurs. Il est sacré à cause de la grande et noble idée qui flotte dans ses plis joyeux.

*
* *

« Les soldats doivent se faire une religion de ne jamais abandonner leur drapeau. »

MARÉCHAL DE SAXE.

« Toute chose n'a de prix que par l'idée qu'on y attache : tous les drapeaux qui racontent, sous le dôme des Invalides, la gloire militaire de la France, n'arriveraient pas à valoir pour six francs de chiffon. »

A. KARR.

« Qu'est-ce qu'un drapeau? me direz-vous, un symbole.... Et qu'importe qu'il figure ici ou là-bas, dans une revue ou une apothéose? Symbole, soit; mais tant que l'espèce humaine aura besoin de se rattacher à quelque croyance saine, mâle et vraie, il lui en faudra encore de ces symboles dont la vue seule remue en nous, jusqu'au profond de l'être, tous les généreux sentiments, tout ce qui nous porte vers le dévouement, le sacrifice, l'abnégation et le devoir! »

JULES CLARETIE.

*
* *

Dix ans après nos désastres de 1870, le 14 juillet 1880, M. Jules Grévy, président de la République, remit à l'armée ses nouveaux drapeaux. Voici l'allocution patriotique qu'il prononça en cette occasion solennelle :

« Le gouvernement de la République est heureux de se trouver en présence de cette armée vraiment nationale que la France forme de la meilleure partie d'elle-même, lui donnant toute sa jeunesse, c'est-à-dire ce qu'elle a de plus cher, de plus généreux, de plus vaillant, la pénétrant ainsi de son esprit et de ses sentiments, l'animant de son âme et recevant d'elle en retour ses fils élevés à la virile école de la discipline militaire, d'où ils rapportent dans la vie civile le respect de l'autorité, le sentiment du devoir, l'esprit de dévouement, avec cette fleur d'honneur et de patriotisme et ces mâles vertus du métier des armes si propres à faire des hommes et des citoyens.

« Si rien n'a coûté au pays pour relever son armée, rien n'a coûté à l'armée pour seconder l'effort du pays, et par son application au travail, par l'étude, par l'instruction, par la discipline, elle est devenue pour la France une garantie du respect qui lui est dû et de la paix qu'elle veut conserver.

« Recevez ces drapeaux comme un gage de sa profonde sympathie pour l'armée; recevez-les comme des témoins de votre bravoure, de votre fidélité au devoir, de votre dévouement à la France qui vous confie, avec ces nobles insignes, la défense de son honneur, de son territoire et de ses lois. »

*
* *

« Je suis l'image auguste de la Patrie. Depuis qu'il y a une France, je me dresse au milieu de ses armées. Je parle d'elle à ceux qui, pour elle, vont verser leur sang; je les exhorte à ne pas lui en marchander une seule goutte et, quand ils sont tombés, je console — en restant debout — leur agonie.

« Sous un autre nom et d'autres couleurs, j'étais, il y a sept siècles, à Bouvines, conduisant les milices de la France à la défense de leur sol envahi par les Allemands; et, au plus fort de la mêlée, agité en l'air par le bon chevalier qui me portait, j'appelais les nôtres au secours de leur roi en péril.

« Cinq cents ans plus tard, blanc et fleurdelysé d'or,

j'étais à Denain, le jour où la dernière armée de Louis XIV livrait la suprême bataille que j'aidai à gagner, en rappelant aux soldats de Villars que c'en était fait de la France si, par un miracle d'héroïsme, ils ne la sauvaient.

« A Valmy, à Jemmapes, à Fleurus, j'ai fait flotter les trois couleurs à la tête des irrésistibles légions de la République; cloué à un tronçon de mât, j'ai eu le dernier regard, la dernière pensée des marins du « Vengeur » lorsqu'aux sons de *la Marseillaise*, leur navire criblé de boulets s'enfonçait lentement dans les flots.

« A Austerlitz et à Iéna, j'ai été sacré d'une gloire immortelle par les armées du grand Empereur. A l'heure des revers, pendant la funèbre retraite de Russie, c'est autour de moi que marchaient, rangés en un silence farouche, les survivants de la Grande Armée. Par delà les mornes steppes glacées, j'évoquais à leurs yeux la lointaine patrie; sous l'âpre bise et la neige, j'entretenais la flamme de vaillance indomptable qui soutenait les corps épuisés de ces héros.

« J'ai parcouru toute la terre : l'Algérie et la Chine, le Mexique, le Sénégal et le Tonkin m'ont vu successivement apparaître; naguère encore une poignée de braves m'a planté au centre de la meurtrière Madagascar, sur Tananarive conquise.

« Mais ce n'est pas la guerre, la conquête seules que j'ai promenées à travers le monde. Mon éternel honneur sera d'y avoir apporté aussi le généreux esprit de la France.

« J'ai détruit le vieil édifice féodal, abri de séculaires iniquités, qui pesait sur l'Europe. Dans tous lieux où j'ai passé, j'ai semé, je sème encore la liberté. Les peuples même, qui ont souffert de mes triomphes, ont trouvé dans les défaites que je leur infligeais le gage

salutaire de leur régénération; ils ont maudit mes victoires, — et ces victoires leur ont profité.

« Je les ai rachetées, d'ailleurs, ces conquêtes qu'on
me reproche! Si j'ai aimé la gloire, j'ai aimé la justice
aussi. Pour le seul amour d'elle, j'ai abrité de mes plis
des causes justes qui, sans moi, succombaient; j'ai protégé les faibles; j'ai combattu, sans réclamer de salaire,
pour l'indépendance des peuples opprimés; j'ai aidé les
Américains et les Grecs, les Belges et les Italiens à
s'affranchir. Que ceux-là parmi eux l'oublient, qui ont
la mémoire courte, peu importe! J'ai bien mérité de
l'humanité : j'ai conquis, mais j'ai délivré. »

GEORGES DURUY.

(*Au Drapeau!* par Maurice Loir, préface de M. G.
Duruy) Hachette et Cie, éditeurs.

LA NATION — LES NATIONALITÉS

L'idée de patrie se définit, se précise, se concentre chaque jour davantage et prend des forces croissantes. Il n'y a pas de vraie patrie sans liberté et sans justice. La nationalité est une œuvre de lente formation ; c'est un principe spirituel, idéal, qui vient du consentement libre des individus. Patiemment, par la tradition, par l'histoire, par la communauté des idées, la nation fait l'Etat à son image et pour son usage. En Allemagne, par exemple, l'idée fondamentale du droit, c'est la force ; en Angleterre, c'est l'utilité sociale ; en France, c'est la liberté. Par l'idée plus que par la langue et les mœurs, les nations se différencient et les grandes crises marquent davantage le caractère de chacune. Lorsque devant l'invasion des rois et de leurs légions, les troupes nouvelles de la Révolution, mal équipées et mal armées opposèrent une résistance qui étonna le monde, c'est que le danger fit jaillir avec plus d'éclat et de force l'idée de la solidarité nationale. Quand Kellermann, saisissant le drapeau tricolore cria à Valmy : « En avant ! Vive la Nation ! » quand les soldats électrisés s'élancèrent en répétant : « Vive la Nation ! » c'est l'âme de la France et de la Révolution qui se manifestait victorieusement. La nation, lentement formée à la suite du long et obscur travail des siècles, s'affirmait soudain comme une personnalité morale qui a droit à la vie, à l'indépendance et qui commande impérieusement aux citoyens et aux soldats de la défendre jusqu'à la mort.

Mais l'amour de la nation et de la patrie ne peut pousser l'homme libre à provoquer maladroitement, orgueilleusement les nations et les patries voisines. Le patriotisme, sentiment réfléchi, grave et profond, ne peut se confondre avec cette sorte de fanatisme provocateur que l'on nomme le chauvinisme.

Le devoir consiste à défendre le sol et l'indépendance de la patrie, à l'aimer d'un amour ardent et noble, mais il faut qu'en temps de paix le citoyen, prêt à repousser toute agression, concilie l'amour de la grande patrie humaine et le respect des autres petites patries et des autres nationalités avec le culte inaltérable de notre France bien-aimée.

« La Patrie, c'est l'amour enthousiaste d'un peuple pour les créations de son travail et de son esprit propres. »

PAUL ADAM.

Je sens, dans ma Patrie, un cœur qui la déborde,
Et plus je suis Français, plus je me sens humain.

SULLY-PRUDHOMME.

« C'est en 1792 que prend réellement corps, en France, l'idée de patrie. C'est alors qu'elle acquiert le plus de rayonnement et de force. Elle exalte le courage et provoque aux sacrifices héroïques parce qu'une âme toute neuve de citoyen libre est dans chaque soldat. »

DELPECH.

9

« Entre les patries, les plus grandes sont celles qui ont rendu le plus de services à l'humanité. »

E. LAVISSE.

« Si à moi, Français, on demande : « Pourquoi préférez-vous la France aux autres pays? » je réponds : « Ce n'est pas seulement parce que j'y suis né, parce que j'ai été formé par le génie français, parce que je puis plus efficacement qu'ailleurs, dans mon pays d'origine, faire ma tâche d'homme, ce n'est pas pour toutes ces raisons, qu'un Allemand ou un Italien pourrait donner de mon patriotisme, que j'aime la France, mais c'est parce que, Français, je suis citoyen libre d'une République ouverte aux justes réformes. Oui, j'aime la France parce qu'elle est le pays de la Déclaration des droits de l'homme. J'aime la France, parce que les idées républicaines qu'elle représente peuvent seules pacifier le monde en supprimant les inégalités illégitimes, sources de tous les désordres, parce que les idées républicaines peuvent seules supprimer les frontières hérissées de forts, en laissant subsister les langues, les coutumes et les civilisations différentes. J'aime la France, parce qu'elle est la conscience de l'humanité. »

CAMILLE LÉGER.

(*L'Éducation laïque*) Ed. Cornély, éditeur.

« Je suis resté chauvin, si c'est être chauvin que de toujours porter au cœur les blessures saignantes de nos désastres de 1870. D'autres peuvent oublier ; je suis de ceux qui ne le peuvent pas. Et si j'osais dire toute ma pensée, je dirais que je suis profondément angoissé de voir que les jeunes générations en ce pays oublient beaucoup trop et semblent ignorer.

« Il y a là un symptôme redoutable ; non pas qu'il se

mêle à mes sentiments une idée de haine durable contre aucune nation ; mais l'honneur des peuples est d'oublier leur malheur moins encore que leur victoire.

« Cette notion du devoir militaire est combattue en France moins par une propagande anarchiste qui répugne au sentiment général que par la gêne qu'il entraîne, et c'est cette répugnance qui peut rendre dangereuses les propagandes.

« Il nous faut faire prévaloir la notion de cette servitude nécessaire, sans laquelle il n'y a ni patrie, ni liberté, ni lumière de la France dans le monde. »

CAMILLE PELLETAN.

« Tout en nous gardant de ce patriotisme hargneux, agressif, inintelligent qu'on appelle chauvinisme, nous devons plus que jamais renoncer à ce patriotisme effacé et silencieux, à ce patriotisme sous-entendu qui ressemble de trop près au renoncement et à l'oubli. Il faut que l'idée nationale, toujours présente à nos cœurs, soit toujours présente à nos délibérations et à nos projets et que toujours, si je puis dire, nous fassions rendre à nos paroles un son clairement français.

C'est l'idée de patrie que nous plaçons à la base de notre politique comme notre certitude indiscutée, comme la réalité lumineuse et souveraine que nous opposerons aux négations de quelques insensés criminels, que nous défendrons contre les déformations des sophistes, contre les critiques sournoises d'un intellectualisme pervers. »

LÉON BÉRARD.

« L'idée de patrie qui fut, jadis, belliqueuse et agressive, tend à s'apaiser. Le patriotisme exclut de plus en plus l'idée de conquête à mesure que les peuples recon-

naissent que l'équilibre doit s'établir entre les nations
et que la grandeur de l'une n'est pas faite de l'abaisse-
ment de l'autre. »

JEAN DUPUY.

« La première condition de l'entente internationale,
c'est naturellement l'existence des nations; il faut des
nations bien constituées, patriotes, pour établir entre
elles un accord fécond et durable; le patriotisme bien
compris est la condition première de l'internationalisme, comme nos bonnes relations extérieures sont
indispensables au développement de notre prospérité
intérieure. Tout cela se tient; les soi-disant patriotes
qui montrent le poing à tous nos voisins sont un danger national et universel. »

D'ESTOURNELLES DE CONSTANT.

L'HUMANITÉ

Nous sommes des hommes et nous devons aimer tous les hommes. Mais de même que la maison où nous sommes nés nous est plus chère que la maison du voisin, de même que notre village nous est plus cher que les autres villages, de même nous devons aimer et nous aimons tous notre Patrie plus que toutes les autres patries. Aussi philanthropes, cordiaux et généreux que nous soyons, nous aimons mieux notre famille que les autres familles, nous aimons mieux la France que le reste de l'humanité.

C'est le génie national, la tradition nationale, la grandeur nationale, ce sont les grandes idées nationales de liberté, de justice, de progrès, de fraternité que nous aimons en préférant notre Patrie aux autres patries. C'est du fond de leur tombe que les disparus nous enseignent l'amour de la Patrie et c'est eux que nous écoutons sur cette terre française qui fut leur domaine, qu'ils ont fertilisée par leur labeur et arrosée de leur sang.

C'est à l'effort de tant de générations que nous devons l'unité morale de la nation, et cette unité de chaque nation, nécessaire à l'harmonie du monde, nous devons la défendre avec une infatigable passion. Nous devons tout faire, dans l'intérêt de la Patrie elle-même et de l'Humanité, pour éviter la

guerre, ses horreurs atroces et ses ruines san-
glantes. La guerre doit être une nécessité suprême
pour sauvegarder l'indépendance et l'honneur de la
Patrie; il faut souhaiter que les conflits se règlent
par un arbitrage pacifique, mais c'est un rêve fou et
malsain que poursuivre la fusion de toutes les unités
nationales diverses, originales, constituées par le
long consentement des citoyens libres et la patience
des générations, en une vague et stérile uniformité.

Chaque nation est un être qui aspire à durer, à se
perpétuer avec son type et sa conscience. Cette
diversité est plus favorable et plus féconde pour le
progrès humain que la confusion des peuples dans
un internationalisme artificiel et contraire aux lois
de la nature et de l'histoire.

*
* *

« Servir la Patrie est la moitié du devoir; servir
l'humanité est l'autre moitié. »

V. Hugo.

« J'entends bien qu'on nous dit : la mission et le destin
de la France c'est de semer des idées à travers l'univers, c'est de donner à l'humanité des leçons de droit,
des leçons de justice, des leçons d'esprit et de bon goût.
Historiquement, tout cela est juste ; tout au plus con-
viendrait-il d'y ajouter que nos soldats ont assez efficacement aidé quelquefois à cette diffusion et à cette
suprématie de la pensée française. Encore est-il que
pour pouvoir demeurer fidèles à cette mission humaine
de la France, que pour maintenir avec toute sa force
de rayonnement ce foyer de pensée, d'art et de civilisa-

tion, nous devons veiller avec amour à la grandeur et à la sécurité de notre pays.

Il n'est pas un bon républicain qui n'ait formulé en son cœur toutes les résolutions pratiques que nous suggèrent ces humbles, banales mais toujours nécessaires réflexions. La France n'est pas un laboratoire international d'idéologie, elle n'est pas un champ d'expérience pour les rêveries du genre humain. Nous combattrons donc de tout notre patriotisme et de tout notre bon sens l'action criminelle de ses Antifrançais de l'intérieur qui prêchent et qui agissent contre la vie de la nation. »

LÉON BÉRARD.

« La Patrie n'absorbe pas la cité ou la province, elle lui permet un degré supérieur de sécurité, d'ordre et de culture. L'humanité, de même, ne doit pas absorber les patries, mais leur permettre d'arriver au plus haut degré d'indépendance, aussi bien que de puissance, par la mutuelle communication de leurs progrès et de leur activité. »

FRÉDÉRIC PASSY.

« Voilà la première idée qu'il faudrait inculquer à la jeunesse française : c'est que, pour payer sa dette à l'humanité, il faut d'abord payer sa dette à la patrie; c'est que la grandeur de la France est la condition première du progrès humain; c'est que celui qui travaille contre elle travaille contre l'avenir, et qu'enfin ces deux termes, Patrie et Humanité, loin de s'opposer l'un à l'autre par une antinomie meurtrière, se concilient, au contraire, dans une harmonie supérieure. »

PAUL DESCHANEL.

« Voilà les deux aspects de la question patriotique : dans le présent s'astreindre virilement à tous les devoirs qu'impose la défense nationale; pour l'avenir, espérer, et, si on le peut, hâter l'avènement d'une civilisation plus haute où la guerre ne sera plus une institution normale. »

FERDINAND BUISSON.

« Si la France, comme tous le reconnaissent, a donné à l'humanité en 1789 un droit nouveau, si sa mission est de faire prévaloir ce droit dans le monde, il faut que la patrie française continue à exister : l'humanité entière y est intéressée. Il s'agit, non pas de faire la guerre, mais de ne pas renoncer à notre patrimoine national. Par humanitarisme, nous risquons de renoncer à l'influence humanitaire de notre patrie, à son rôle dans la civilisation. »

A. FOUILLÉE.

« Il ne faudrait pas interpréter notre amour de la paix comme une abdication de nos sentiments d'honneur et de dignité nationale.

BERTHELOT.

« Plus on aime sa petite patrie, sa province, plus on aime la grande France, plus aussi on est porté à aimer toutes les autres patries, dignes d'être aimées et admirées. L'idée de patrie ne saurait s'absorber vaguement dans l'idée d'humanité sans s'éteindre peu à peu et, finalement, disparaître, au grand dommage de l'humanité tout entière. Si le magnifique rêve des Etats-Unis d'Europe pouvait devenir une réalité, suivant l'espérance de Victor Hugo, les parties actuelles devraient en être les cellules, de même que les départements ont été les cellules de notre organisation nationale. »

MAURICE FAURE.

« Il fait partie de notre patrimoine d'aimer l'humanité et de la servir. »

THALAMAS.

« Servir la patrie est la moitié du devoir; servir l'humanité en est l'autre moitié. »

V. HUGO.

L'INTERNATIONALISME

Les nations, suivant le mot si juste de Renan, sont le produit d'un long passé d'efforts, de sacrifices et de dévouement. Mais à mesure que les nations prennent davantage conscience de leur individualité et de leur autonomie, s'accroît le sentiment de bienveillance vis-à-vis les unes des autres, de justice et d'humanité. Celles de ces nations qui sont les plus attachées à la liberté, comme notre République, sont les mieux préparées aux idées généreuses de paix universelle. La France adhéra la première aux conférences internationales et aux congrès pour l'arbitrage, et ses délégués furent les plus écoutés. Mais les républicains les plus amis de l'entente, de l'harmonie des peuples, de la solution pacifique des conflits, demeurent sévèrement fidèles à l'adage antique : « Si tu veux la paix, soit prêt pour la guerre. »

Il n'y a, en effet, que les nations bien armées qui peuvent défendre, avec leurs frontières, leur indépendance et le patrimoine saint des idées et des traditions du génie national.

Et ce sont des fous ou des criminels ceux qui, au milieu des puissances armées, osent prêcher ouvertement ou hypocritement l'indiscipline, l'insoumission militaires, la désertion, la trahison abominables. Aujourd'hui comme au temps de la Révolution, un bon républicain doit être un bon patriote.

La meilleure façon de servir la cause de l'humanité et les idées généreuses de fraternité et de paix, c'est de se montrer fervent ami des lois, loyal citoyen, courageux soldat, c'est-à-dire d'être bon Français et de vouloir le rester.

*
* *

« Peut-être l'aube est proche du jour où pour les peuples eux-mêmes la force aura cessé d'être le recours suprême et incertain du droit. Mais, sous le régime de l'arbitrage aussi bien que sous celui de la paix armée, il restera vrai des peuples comme des individus, que « la défense du droit est un devoir de la conservation morale de soi-même. » Malheur à qui s'abandonne. »

A. MILLERAND.

« Malheur à qui repousse l'idée sublime de patrie ! Il travaille à la déperdition de lui-même, il brise les liens qui l'unissent aux plus semblables de ses semblables. »

JULIETTE ADAM.

« L'idée de patrie ne s'absorbera pas dans l'idée d'humanité. Elle se conciliera avec l'idée d'humanité. La conciliation de ces deux idées, c'est ce qu'on appelle pacifisme. »

MAGALHAËS LIMA.

« Au lendemain de la libération du territoire qui, par sa promptitude, arracha au monde un cri d'admiration, la République, née d'un mouvement de défense nationale, a donné au pays, pour protéger ses droits, son indépendance et son honneur, des armées dont les récentes manœuvres viennent d'attester, une fois de plus, les progrès incessants, l'unité puissante, la forte discipline. Qu'importent, à côté d'un aussi réconfortant spectacle, les défaillances et les théories criminelles de quelques fous misérables? L'ivresse d'un ilote n'altérait pas, elle exaltait les vertus spartiates. Qui n'a pas ses esclaves ivres? Opposons aux nôtres, avec un tranquille mépris, l'abnégation courageuse, l'ardeur joyeuse, la superbe vaillance que nos officiers et nos soldats puisent dans le culte du drapeau et dans l'amour sacré de la patrie.

« Surtout, que dans nos écoles largement ouvertes, qui sont aussi l'honneur de la République, nos instituteurs donnent à nos enfants la passion jalouse de la France. Ne renions aucune des grandeurs, aucune des gloires du passé. Les vertus militaires sont aussi des vertus civiques, et il faut plaindre ceux qu'un amour exclusif de la paix conduit à meurtrir l'histoire. »

Louis BARTHOU.

« C'est Kant qui a donné cette leçon aux peuples qu'il dirigeait vers le régime du droit et de la paix : « Jusqu'au moment suprême de la constitution des États-Unis d'Europe, que chaque nation ait la main sur la garde de son épée; autrement elle pourrait disparaître avant le grand jour. » Ici, comme partout, c'est sous la difficile condition d'unir à ses ambitions les plus hautes, la clairvoyance de l'esprit le plus positif que l'idéalisme est salutaire et fécond. »

B. JACOB.

(*Devoirs*) Ed. Cornély, éditeur.

« Si la France disparaissait, nous ne serions pas pour cela sans patrie; nous en aurions d'autres — un

peu moins préoccupées peut-être des Droits de l'Homme
et de la solidarité humaine. »

ALFRED FOUILLÉE.

(Revue de métaphysique et de morale.)

« Socialistes et anarchistes dénoncent sans cesse ce
qu'ils appellent les conventions-mères : propriété, famille, patrie, mais la patrie n'est pas plus factice que la
famille attachée à tel point de l'espace, nouée dans le
temps par des hérédités de race et par des traditions
historiques, renouvelée sans cesse par le consentement
de ses membres, par ce plébiscite de chaque jour dont
a parlé Renan; la patrie est un vivant réseau de liens
nécessaires et de liens volontaires; elle est œuvre de
nature et œuvre de liberté. »

A. FOUILLÉE.

« S'il y a en France des hommes assez fous pour ne
pas aimer, pour ne pas préférer, pour ne pas servir la
France, ils ont raison de s'exclure eux-mêmes d'une
patrie qui n'est pas faite pour eux. La trahison d'un
fils envers sa mère est le plus abominable des crimes. »

LOUIS BARTHOU.

« Nous devons aimer la France à cause de son ciel
et de ses paysages familiers, à cause de son passé où
notre âme se reconnaît et se rattache, nous devons
l'aimer parce que sans elle l'harmonie du monde
manquerait d'un son grave et charmant. C'est pour
l'amour même de l'humanité et beaucoup au delà des
intérêts mesquins, des égoïsmes étroits, des haines
qui s'effacent que nous devons chérir la France.

« La Rome antique donna au monde ses lois, et les
nations apprirent d'elle l'organisation de la force. La
Grèce donna à l'univers l'art et la beauté. La France

donna aux nations le rire de l'esprit, l'ironie, le bon sens, la mesure et le goût au milieu des plus éclatantes et des plus généreuses aspirations vers la liberté, la vérité et la justice. Toutes les idées de l'humanité, en traversant la France, s'éclairent, s'illuminent et vont parcourir le monde avec une splendeur nouvelle. Nous devons à la patrie dont nous sommes les fils, toutes nos forces, toutes nos aspirations. Nous voulons la France forte, honorée, nous voulons que son radieux génie éclaire et pacifie le monde. Nous souhaitons que si un jour les patries harmonieuses et désarmées se rapprochent pour l'œuvre du travail, de la concorde et de la fraternité, la France demeure éternellement vivante dans la pensée fervente de la future humanité. »

OCTAVE AUBERT.

(*Les Soirées populaires.*)

TABLE DES MATIÈRES

QUI SÈME BIEN EN RÉCOLTE BIEN

www.ingramcontent.com/pod-product-compliance
Lightning Source LLC
Chambersburg PA
CBHW071757090426
42737CB00012B/1848